U0605406

3~6岁儿童好习惯养成书

著 刘夏米

古吴轩出版社

中国·苏州

图书在版编目（CIP）数据

3～6岁儿童好习惯养成书 / 刘夏米著. — 苏州 ：
古吴轩出版社，2017.10（2018.4重印）
ISBN 978-7-5546-1002-2

Ⅰ. ①3… Ⅱ. ①刘… Ⅲ. ①习惯性－能力培养－学
前教育－教学参考资料 Ⅳ. ①G613.3

中国版本图书馆CIP数据核字（2017）第234049号

策　　划：马剑涛
责任编辑：蒋丽华
见习编辑：顾　熙
装帧设计：润和佳艺

书　　名：3～6岁儿童好习惯养成书
著　　者：刘夏米
出版发行：古吴轩出版社
　　　　　地址：苏州市十梓街458号　　　邮编：215006
　　　　　Http：//www.guwuxuancbs.com　E-mail：gwxcbs@126.com
　　　　　电话：0512-65233679　　　　传真：0512-65220750
出 版 人：钱经纬
印　　刷：大厂回族自治县彩虹印刷有限公司
开　　本：710×1000　　1/16
印　　张：14
版　　次：2017年10月第1版
印　　次：2018年4月第2次印刷
书　　号：ISBN 978-7-5546-1002-2
定　　价：38.00元

如有印装质量问题，请与印刷厂联系。0316-8863998

 前言

　　20世纪60年代，苏联宇航员加加林乘坐"东方1号"飞船进入太空遨游了108分钟，成为世界上第一位进入太空的宇航员。当时参加培训的宇航员多达几十人，为什么加加林能脱颖而出？起决定作用的是一个偶然事件。

　　在确定人选前一个星期，主设计师罗廖夫发现，在进入飞船参观前，只有加加林一个人把鞋脱下来，只穿袜子进入座舱。就是这个细节，使加加林一下子赢得了罗廖夫的好感。罗廖夫说："我只有把飞船交给一个如此爱惜它的人才会放心。"

　　所以，加加林的成功得益于他良好的习惯，正是好习惯给加加林带来了好运气。其实，加加林并没有刻意考虑去脱鞋，他这么做是因为他的文明行为已经"习惯成自然"了。好的习惯能够给人带来更多成功的机会，坏的习惯往往使人在不知不觉之中走向失败。

　　著名教育家叶圣陶先生说过："好习惯养成了，一辈子受用；坏习惯养成了，一辈子吃它的亏，想改也不容易。"儿童时期应把培养好习惯放在首位。

　　童年时养成的好习惯能让人受益终身。1978年的诺贝尔物理学奖得主

卡皮察在回答记者的提问"在哪所大学、哪个实验室学到了您认为最重要的东西"时说，他是在幼儿园学到了最重要的东西：把自己的东西分一半给小伙伴，不是自己的东西不要拿，做错事要道歉，东西要放整齐，吃饭前要洗手，要仔细观察大自然……

大人们也常以习惯的好坏来评价孩子品行的优劣。所谓"好孩子"，一定是有好习惯的孩子；所谓"有问题的孩子"，一般都是坏习惯较多的孩子。习惯与人格相辅相成。一个坏习惯可能使孩子丧失良机，而一个好习惯则可能使孩子走向成功。

儿童时期是人生中一个很特别的阶段，孩子的各种习惯大多在这一时期养成。这一时期养成的各种好习惯不但可以让孩子快乐地成长，而且会让他们受益终生。

本书介绍了常见的八个方面的儿童好习惯，囊括了生活好习惯、学习好习惯、想象力好习惯、理财好习惯、社交好习惯、品德修养好习惯、情绪管理好习惯、安全常识好习惯等，涉及儿童的生活、学习、社交、安全等方方面面。

本书适合亲子共读，实用性和操作性强。希望本书能让孩子们知道什么是好习惯，并在家长的帮助下，从小养成好习惯。

目录

第一章 3～6岁——儿童好习惯养成黄金期

第二章 让孩子健康茁壮成长——培养孩子良好的生活习惯

第九章　安全问题无小事——提高孩子的安全意识

第十章　坏习惯贻害无穷——帮助孩子改正不良习惯

第一章

——• 3~6岁 •——

儿童好习惯养成黄金期

望子成龙、望女成凤是每个家长的愿望，

要想孩子成才成人，就必须从小培养孩子良好的习惯。

在黄金期对孩子实施好习惯教育，会事半功倍，

一旦错过这个年龄段，则终身难以弥补。

好习惯是孩子一生的财富

有一个小朋友叫妞妞，父母都在城里上班，工作十分繁忙。妞妞一周岁的时候，父母就把她送到农村，跟随爷爷奶奶一起生活。爷爷奶奶对妞妞非常宠爱，将她照顾得无微不至。妞妞吃饭必须让奶奶喂，穿衣必须让爷爷穿，睡觉必须让奶奶哄着，连上厕所都由爷爷奶奶抱着。当妞妞3周岁进入幼儿园时，老师发现妞妞还不会独自上厕所，不会自己吃饭，不会自己睡觉……妞妞在生活中根本就没有学到良好的自理习惯，凡事都由爷爷奶奶包办！

这时候，妞妞的父母才意识到问题的严重性，赶紧把妞妞接回家，对妞妞进行生活习惯的训练。

家庭是孩子成长的第一环境，是孩子习惯形成的摇篮，6岁前的儿童主

要生活在家庭中，所以家庭生活对孩子的影响是非常重要的。

孩子基本的生活自理能力是在大人的培养下慢慢养成的，养成之后逐渐形成一种习惯。自己吃饭、穿衣、上厕所、睡觉，这些都是良好的习惯，必须从小培养，大人不能包办。案例中的妞妞3周岁了，上幼儿园了，吃饭、穿衣、上厕所这些基本的习惯都没养成，其根源在于爷爷奶奶一直包办，没有为妞妞营造培养好习惯的环境。

由此可见，孩子良好的习惯应从小培养，从孩子开始说话、走路时培养。同时，父母应当在行为、举止和谈吐等方面为孩子树立一个好榜样，讲话时要注意礼貌，举止要文雅，表现出高尚的情操和良好的习惯。如果能够以身作则，这种长期熏陶就能使孩子在潜移默化中得到最佳的教养，通过日积月累，孩子就能在不知不觉中形成良好的习惯。

3～6岁是儿童形成习惯的关键时期。孩子的心灵是一块神奇的土地，你播种一种思想，就会收获一种行为；播种一种行为，就会收获一种习惯；播种一种习惯，就会收获一种性格；播种一种性格，就会收获一种命运。习惯对于孩子的生活、学习乃至事业上的成功都至关重要。

著名的教育家叶圣陶说过："什么是教育？简单一句话，就是养成良好的习惯。"教育家陈鹤琴先生则说："习惯养得好，终生受其益；习惯养不好，终生受其累。"事实上，习惯是一种惯性，也是一种能量的储蓄，只有养成了良好的习惯，才能发挥出巨大的潜能。

孔子曰："少成则若性也，习惯成自然也。"意思是说，孩子小的时候养成的习惯会像人的天性一样自然、坚固。很多人获得成功，无不是由儿时养成的好习惯推动和支撑的。儿时良好的习惯一旦形成，就会使孩子终身受益，成为他一生的财富。

专家支招

我国著名青少年教育家孙云晓先生曾说："好习惯对儿童来说是命运的主宰，是成功的轨道，是终身的财富，是人生的格调。"因此，父母一定要在孩子的习惯培养上下功夫。培养孩子的良好习惯可从以下几个方面做起：

1. 生活习惯

生活是人生存的基础，生活习惯的好坏，影响着孩子的身心健康，而且也是孩子综合素质的体现。生活习惯包括饮食、起居、卫生等习惯，孩子应做到按时睡觉、起床，安静睡眠并保持正确的睡姿，不挑食、不偏食、细嚼慢咽，饭前便后正确洗手，早晚刷牙、饭后漱口，等等。

2. 学习习惯

学习是孩子获得知识的途径，良好的学习习惯对孩子的学习成绩有很大的影响。学习好的孩子学习习惯都比较好，而学习不好的孩子多数并不是因为笨，而是因为没有养成良好的学习习惯。如不长时间看电视、玩电脑游戏，学习专心认真，珍惜时间，等等，都是良好的学习习惯。

3. 思维习惯

思维习惯和学习习惯是相关的，良好的思维习惯有助于孩子能力的锻炼、知识的获取以及运用所学知识灵活地解决问题。如善于观察、勤于动脑、遇到问题能独立思考等都是良好的思维习惯。

4. 文明礼貌习惯

文明礼貌应从小做起，父母要教育孩子学习使用文明礼貌用语，如

"您好""请""谢谢""对不起""请原谅"等。同时，要注意培养孩子的文明举止，见人要热情打招呼，别人问话要仔细倾听，并有礼貌地回答，保持服装整洁，站有站相，坐有坐相。

5. 道德习惯

道德指的是人的品德。养成良好的道德习惯，孩子才能和别人友好相处，自觉遵守社会行为规范，具有高度的社会责任感。它包括尊敬长辈、团结友爱、爱护公共财物、遵守交通规则等。

6. 劳动习惯

劳动是人的第一需要，所以要培养孩子初步的劳动习惯，以促进孩子身心健康成长。父母应该要求孩子自己的事情自己做，自己吃饭、自己穿脱衣服、铺床叠被等，还应该要求孩子帮父母干些家务活，比如，摆碗筷、擦桌子、扫地、倒垃圾等。

最后，值得注意的是，培养孩子良好的习惯绝不仅仅是父母的事情，要取得好的效果，父母要及时与幼儿园的老师沟通，并积极与学校的教育配合。同时，家庭内部要保持一致性，这里的"一致性"不仅指父母之间的互相配合，还包括所有家庭成员之间的密切合作。只有这样，孩子才能更好、更快地养成良好的习惯。

坏习惯是孩子一生的债务

　　阳阳是一个正在上幼儿园中班的小朋友，最近一段时间，阳阳的行为让妈妈头疼不已。

　　有一次，阳阳在幼儿园里得到了老师的表扬，回到家后飞快地跑到妈妈面前大喊："妈妈，妈妈，老师今天表扬我了！"妈妈正在接一个重要的电话，于是她把手指放在嘴边做出"嘘"的动作，暗示阳阳不要吵了。

　　阳阳一看妈妈没有像以前一样高兴地表扬他，于是生气地抢过电话，狠狠地挂断了……

　　还有一次，阳阳刚放学回家就打开电视看动画片。妈妈正忙着和面做晚饭，这时候门铃突然响了，妈妈对阳阳说："阳阳，妈妈手上有面粉，你帮妈妈开一下门吧！"

　　过了一会儿，门铃还在响，阳阳像是没有听到妈妈的话一样，坐在那里一动不动地看动画片……妈妈只好赶快洗洗手，自己去开门。

　　等到吃晚饭的时候，阳阳刚刚吃了几口饭，就拿着勺子把各种蔬菜和酱料都放进碗里乱搅，妈妈板起脸说："阳阳，乖乖吃饭，别浪费食物！"

没想到阳阳一点也不听，反而变本加厉，朝妈妈做鬼脸，故意扭着身体大力地继续搅拌着。

妈妈无可奈何，气得说不出话来。

处于上幼儿园时期的孩子，总会表现出一些不恰当的行为。如果父母听之任之，一旦这些不良行为习惯成自然，它们必将成为孩子成长的绊脚石。正所谓"千里之堤，毁于蚁穴"，因此，父母不要忽视这些小小的坏习惯，要防患于未然，并寻求改正的办法。

幼儿时期是人生的起步阶段，同时也是各种行为习惯的养成阶段。上面案例中阳阳有很多坏习惯：妈妈正接电话，打断和挂断妈妈的电话；妈妈叫阳阳开门，他装作没听见，继续看电视；妈妈叫他不要乱搅蔬菜，好好吃饭，他不仅不听，反而变本加厉继续搅拌。

随着孩子渐渐地长大，一些坏习惯也跟着养成了。孩子还不是很懂事，总是按着自己的想法做事，所以会在不经意间养成一些坏习惯。这些坏习惯可能很小，很容易被父母忽视，就算有时发现了，父母也常常觉得孩子还小，所以总是迁就他们。

但是，孩子的坏习惯一旦养成，可就很难改正了。如果爸爸妈妈不帮他们改正，这些坏习惯就有可能伴随孩子一生，成为孩子一生的债务。

因此，父母平时要注意观察孩子，看他有哪些坏习惯，一旦发现，就要及时帮孩子改正。

俗话说:"学好三年,学坏三日。"孩子总归是孩子,身上或多或少有这样或那样的毛病。有的父母一旦发现孩子"屡教不改",就不能容忍,对孩子发脾气,甚至打骂孩子。其实,家长这样做不仅不能帮助孩子改正坏习惯,还会影响亲子关系。如何才能帮助孩子改正坏习惯呢?

1. 要宽容

也许孩子自己也不喜欢自己身上的某些坏习惯,但他又无法控制自己不做已经习惯的事。所以,父母应对孩子抱以宽容的态度,而不是抱有成见,觉得孩子不可教化。因为抱有成见既不利于纠正孩子的坏习惯,也不利于孩子其他方面的发展和成长。

2. 抓住时机纠正

很多孩子的坏习惯是一种无意识的行为。一般情况下,家长可以在孩子坏习惯出现后立即进行纠正。如发现孩子不洗手就吃东西时,要及时给孩子讲明"病从口入"的道理,并督促他洗手。

3. 发挥榜样的作用

俗话说:"榜样的力量是无穷的。"针对孩子难以改正的坏习惯,家长不妨在平时的生活中为他树立一个榜样,久而久之,孩子的坏习惯在不知不觉中就改正了。

4. 讲故事引导

因为孩子自我认识能力还不完善,所以有时候家长一味地批评,孩子会产生逆反心理,不愿听从家长的教导,反而会强化自身的坏习惯。在这种情况下，家长不妨通过给孩子讲故事、念儿歌等方式，让孩子意识到自己身上的缺点。

5. 转移注意力

当家长发现孩子始终"屡教不改"时，可以根据孩子的特点和喜好，转移孩子的注意力。比如，当家长发现孩子又在咬指甲时，可以让他帮忙打扫房间，这样孩子就会忘掉自己刚才的行为。

最后，值得注意的是，孩子的坏习惯有可能是模仿父母。因此，父母平时要注重自己的言行举止，因为孩子的模仿力极强，父母经常做一些习惯性的动作，在无形中就被孩子学去了。

3～6岁是习惯养成的最佳时期

乐乐是一个非常调皮的男孩子，在幼儿园的生活习惯表现很糟糕。

一天中午吃饭的时候，乐乐趁老师不注意把自己不喜欢吃的菜偷偷地夹到别的小朋友碗里，他还吸吮手指、吐口水、偷笑。

生活老师看到了，走过去跟他说："乐乐，你觉得这样做对吗？"

乐乐低下了头，不好意思地说："老师，我错了，下次不这么做了。"

老师摸着乐乐的头说："知错就改还是好孩子，你这样做是不卫生的，我们要做一个讲卫生的好孩子，你说是吗？"

乐乐若有所思地点点头。可是没过多久，乐乐又把饭粒洒在桌子上，把不吃的菜摆在椅子上。

老师很头疼，只好打电话与家长沟通。

对于乐乐在幼儿园不好好吃饭的问题，乐乐父母也伤透了脑筋，多次与老师沟通。乐乐虽然每次都承认错误，但没过多久，不好好吃饭的毛病又犯了。老师和乐乐父母都感到很无奈。

3～6岁是儿童上幼儿园的时期，父母此时就应该开始培养孩子良好的习惯。因为这一时期，孩子的身心发展十分迅速，可塑性极大。这一时期的教育，对孩子今后的发展有着重大的影响。

因为这一时期主要是孩子个性和习惯形成的初步阶段，所以培养孩子良好的习惯对其一生都是有帮助的。

幼儿时期是人生的最初阶段，可塑性极强，是养成良好习惯的最佳时期。紧紧抓住幼儿期这个黄金期，帮助幼儿从小形成各种良好的习惯，将会使他们终身受益。

父母作为孩子的第一任老师和引导者，培养孩子养成良好的习惯责无旁贷，以下几点事项需要父母注意。

1. 耐心引导

如果在培养孩子好习惯的过程中遇到问题，父母要耐心地引导他们，不要想着一次就能成功。

2. 良好示范

父母想让孩子养成好习惯，首先要看看自己是否做到了。身教永远胜于言传，有些道理说很多遍，不如自己做一遍。

3. 及时称赞

当孩子做得好的时候，一定要及时表扬他们，让他们知道哪个具体行为做得好、值得表扬，从而增强孩子的自信，促进好习惯的养成。

4. 态度坚决

在培养孩子好习惯的过程中，当孩子不配合或者效果不理想时，父母一定要坚决表明自己的立场，让孩子知道有些规则是必须遵守的。

5. 配合默契

父母首先要意见统一，不要在孩子面前产生分歧，有不同的意见可以私下交流讨论，否则会阻碍孩子良好习惯的养成。

优化家庭教育环境，培养孩子的好习惯

在一次幼儿园家长会上，一位母亲在谈到儿子的不良习惯时，检讨说："儿子总是习惯随手乱丢东西；做作业时，一会儿找削笔刀，一会儿喝饮料，一会儿又看动画片；再三催促下写完的作业，字迹潦草，错误很多。说了多次也不改，实在令我们头痛，也令我们不得不反省。我想，坏习惯养成是有原因的，弄清原因，才能采取针对性措施予以纠正。儿子的情况不能说与我们无关，杂乱的屋子、无规律的生活方式影响了他的注意力，是使他养成上述坏习惯的主要原因。"

专家点评

在这个案例中，我们不难发现，家庭教育环境对孩子的习惯影响很大。孩子的一切习惯，都与其所处的家庭环境有关。家庭环境具有强大的影响力，具有潜移默化的力量。

习惯是在人的生活、学习过程中逐渐养成的。良好的习惯会使孩子终身受益。要使孩子有良好的习惯，首先要注重家庭教育环境。孩子从出生的第一天起就生活在家庭里，家庭的环境包围着孩子、熏陶着孩子，对孩子的身心发展、性格养成起着很大的作用。

古人曰："近朱者赤，近墨者黑。"父母在教育孩子、培养孩子良好习惯的同时，一定别忘了审视自己，反思家庭环境对孩子的影响。

一般来说，和睦、和谐、温暖、快乐的家庭环境，有益于孩子良好习惯的养成和健康成长；而糟糕的家庭环境则恰恰相反，不仅会让孩子养成不良的习惯，还会使孩子在学习和人生发展中产生种种偏差。习惯伴随着人的一生，影响人的生活方式和个人成长的道路。

良好的家庭教育环境有助于孩子良好行为习惯的养成，一个好习惯的养成肯定离不开家庭教育环境的熏陶。家庭教育中最重要的是父母的所作所为。孩子的模仿能力很强，父母的表率作用很重要，父母的言谈举止在潜移默化地影响着孩子。

孩子在家庭这个人生"第一环境"中接受教育，家庭对他往往具有难以磨灭的影响。3～6岁孩子除了在幼儿园学习外，其余的时间都是同父母一起生活的，父母是孩子天然的、不可选择的、不可任意更换的第一任教师。父母的一言一行，对孩子有着熏陶作用，这种潜移默化的影响是家庭教育的基本方式，它比学校教育、社会教育要强烈、深刻得多。

所以，父母在关心孩子学习成绩的同时，还要为孩子营造一个良好的家庭环境，并以科学的教育方法及自身的示范榜样来培养孩子良好的生活、行为和道德好习惯。

1. 创造适宜的家庭环境，与孩子一同成长

儿童教育家蒙台梭利说过："环境是有生命的，环境通过对孩子的影响体现它的生命力。"只有在适宜的环境中，孩子才能得到良好的发展，否则，孩子潜能的发展会受到抑制。

孩子成长需要四种环境。第一，宽松的人文环境。一家人互相关爱，分工互助，共同享受生活的乐趣，让孩子体会美好和睦。第二，审美的空间。孩子的生活空间应该是整洁优美的，要给孩子布置自己空间的权利。第三，智慧环境。常和孩子做点智力游戏，一同看看他们喜欢的有益的动画片，和孩子用固定的时间共同读书、讲故事。第四，意志环境。爸爸妈妈生活有规律，早起早睡，按时吃饭，孩子会模仿爸爸妈妈，养成良好的生活习惯。

2. 为自己准确定位，创造和谐的家庭气氛

一般来讲，家长大都把自己定位为教育者、监督者、惩罚者，其实家长应把自己定位为关心者、欣赏者、支持者、倾听者和参与者。只要家长懂得随孩子的年龄特点、时间、地点等诸多因素的变化而正确地转换角色，就能营造一个和睦、平等、适合孩子发展的家庭氛围。

3. 让孩子成为家里的主人，参与到家庭生活中来

家庭成员之间应是尊重、平等、互动的，所以父母不仅要让孩子参与到家庭生活中来，分担点家务活，还要让孩子有自由的空间、时间安排自己的生活。家庭不只是给孩子创设的"学习家园"，还应该是他们的"精神家园"。家庭环境是孩子成长的土壤，父母要用科学、先进的家庭教育理念、方法，创造一个适宜孩子的成长环境，这样孩子才能健康成长。

4. 让习惯成自然，家庭教育贵在持之以恒

3～6岁是儿童生理、心理发展的关键期，这个年龄的孩子不可能一下子改掉很多毛病，父母应该循序渐进，不应操之过急。在纠正某种问题时，一定要找到根源，找好最适合自己孩子的方法，坚持足够的时间，切忌半途而废。家庭教育贵在持之以恒，培养孩子不是一朝一夕的事情，父母应该拥有教育孩子的恒心和毅力，孩子的每个优点都是一点一滴培养出来的，不能急于求成。

上幼儿园，从培养好习惯开始

　　彤彤在上幼儿园小班。最近，幼儿园老师教小朋友们玩玩具。

　　一天，彤彤和其他小朋友在教室里玩玩具。彤彤玩着小锅、小勺，她总是把勺子放在小锅中，想不出其他的玩法。老师看到了，就走过去对她说："彤彤，你的饭烧好了没有？盛出来给娃娃吃吧！"在老师的启发下，彤彤把"饭"盛到碗中，拿去送给娃娃吃。这样彤彤对小锅产生了兴趣，游戏的内容更丰富了。

　　有时候，彤彤拿着玩具，不知如何玩，就在桌上乱打或抛掷一地。老师就告诉她如何使用："积木可以搭一座小房子，小珠子可以串成一条小项链。"彤彤喜新厌旧，某件玩具玩久了，就会随意抛掷，老师立即提醒她："彤彤，汽车不玩了，要放在玩具架上。来，我们一起把汽车搬过去吧！"这样就降低了玩具的损耗率。

　　有一次，彤彤和一个小朋友很开心地搬着一只木箱，走到半路，彤彤要向东走，那个小朋友要向西走，两个人争吵起来。老师立即跑过去说：

"彤彤，我们一起搬吧！搬到那张桌子上去。"彤彤又开心起来。

在老师不断的教育和培养下，彤彤渐渐地养成了正确使用玩具和爱护玩具的良好习惯。

专家点评

游戏是孩子参与的主要活动。在游戏中，孩子心情愉快、思维活跃、接受能力强。孩子通过游戏的活动过程，能学会正确处理人与人之间的关系，比较容易形成一些良好的品质。同时，一些不良的行为习惯也容易表现出来，有利于老师和家长及时发现，予以纠正。

幼儿园是学龄前儿童学习和游戏的场所，老师是主要教育者。而且孩子在幼儿园阶段养成的良好饮食、睡眠、学习、卫生等习惯将会使之终身受益；反之，如果养成一些坏习惯，以后要改正过来，就困难了。因此，发挥幼儿园教育的作用，树立良好的行为意识，老师的责任显得十分重要。

儿童往往会从细小的过错中，慢慢地养成不良的行为习惯。在日常生活中常常发生这些事情：有些孩子容易发脾气，躺在地上拼命用小脚踩地板，大哭大叫；有些孩子想要玩某些玩具时，就要人家无条件地给他……对这些行为都不能采取姑息的态度，任由它发展下去。

儿童的意志力不能持久，注意力很难长期集中。根据他们的这个特点，老师应采取不断鼓励的办法，矫正其不良行为。比如：大家在午睡的时候，往往有个别孩子起来小便，脚步声很大，就给他一个暗示，提醒他矫正；当他轻声走路的时候，就微笑着点头表示他做得对。

专家支招

进入幼儿园的孩子正处于人生的初始阶段，也是各种习惯养成的关键时期，一切都要学习，可塑性强。那么，老师应该帮助孩子在幼儿园养成哪些习惯呢？

1. 良好的生活习惯

培养孩子良好的生活习惯要从生活的点滴做起，比如，饭前便后要洗手，不吃脏东西，不随地吐痰，不吸手指，不挖鼻孔，不抠耳朵，养成整洁卫生的习惯。

许多孩子吃饭时不专心、东张西望、吃得很慢，老师应告诉孩子吃饭要在规定的时间内完成，但不宜过急催促。每次盛饭不宜过多，吃完后再添，调动孩子吃饭的积极性。

2. 不挑食的习惯

老师可以通过营造良好的氛围来吸引孩子的兴趣，可以用很夸张的行为表现"这菜真好吃"，也可以变化烹饪花样，诱发孩子的食欲，不可用粗鲁的语言和动作逼迫孩子吃。

3. 讲礼貌的习惯

老师要重视孩子的语言文明，要求孩子尊敬老师和父母，与小朋友友好相处，给孩子讲解规矩，使孩子懂得一定的行为规范。

4. 良好的学习习惯

加强家园合作，争取家庭的积极配合。一方面，要积极向家长宣传培养孩子良好学习习惯的重要意义和具体要求，动员家长一起来做好这项工作。另一方面，要通过家访、家庭教育讲座、家园联谊活动等多种途径，加强与家庭之间的联系，加强对家庭教育的指导，帮助孩子克服学习障碍，矫正不良习惯。

5. 良好的劳动习惯

老师要让孩子学会承担一些简单的劳动。比如，早晨入园时，请第一个到园的小朋友帮忙放杯子；午饭后，请孩子们轮流帮忙擦桌子、扫地；傍晚放学临走时，请大家把自己的椅子放到桌子上摆放整齐等。

老师还可以通过游戏教给孩子一些劳动技能。孩子们在这些游戏中，会学到吃饭、穿衣、整理玩具等基本技能。这种方法符合儿童心理特点，自然亲切、生动活泼，收效较明显。

第二章
— 让孩子健康茁壮成长 •
培养孩子良好的生活习惯

学龄前儿童期是人身心发展，尤其是大脑结构和机能发展

最为旺盛的时期，更是养成良好的生活习惯的关键时期。

良好的生活习惯，包括良好的卫生习惯、饮食习惯、睡眠起居习惯、

与个人生活有关的行为习惯等。

这一时期一旦养成良好的生活习惯，能让孩子终身受益。

好的生活习惯不仅关系到孩子的身体健康，还关系到对孩子的自信

心、意志品质、交往能力等方面的培养。

让孩子养成健康的饮食习惯

邻居刘奶奶又在追着小孙子喂饭了："别跑了，小祖宗！来，再吃一口……怎么还跑啊，这孩子！"只见刘奶奶一手端着一个饭碗，一手拿着个勺子，气喘吁吁地跟在小孙子后面。而她的小孙子正在前面跑得欢呢！偶尔停下来吃一口饭，然后转身又跑掉了。刘奶奶急得直跺脚，可小孙子才不管呢。

 专家点评

为什么孩子总是不爱吃饭呢？其实在现代的家庭里，小孩挑食、厌食的现象很普遍。家长们看到孩子不爱吃饭往往担心孩子是不是生病了，其实只有很少一部分是疾病所致，绝大部分都是由于父母喂养不当或没有给予孩子良好的家庭教育，这才导致孩子养成了不好的饮食习惯。

不少父母只看重孩子是否吃得"好"，却轻视行为习惯的培养，以致

许多孩子养成了吃饭挑食、偏食、边吃边玩等不良饮食习惯。众所周知，不健康的饮食习惯对孩子有很大的危害，特别是偏食和挑食，会造成孩子营养不良，导致孩子的免疫力降低，进而容易感染各种疾病。

专家支招

3～6岁的孩子正处于发育旺盛的时期，良好的饮食习惯有助于孩子更好地吸收营养，对孩子来说是非常重要的。如何吃、怎样吃是爸爸妈妈需要关注的。下面提供一些健康饮食的方法和技巧，将有助于培养孩子良好的饮食习惯。

1. 定时、定量用餐

3岁的孩子已经学会自己进餐，此时应让孩子养成良好的进食习惯，比如定时、定量。可以明确地告诉孩子，这顿不吃好，过了时间就没得吃，直至下一顿才能吃，这期间只能喝水，绝对不能吃零食。无论孩子说自己有多饿，都不能松口，以此使他形成良好的进食习惯。

2. 以清淡饮食为主，不吃重油、重糖的高热量食品

3～6岁的孩子肠胃消化功能尚在发育中，不够完善，饮食应以清淡为主，不应过多摄入重油、重糖食品，否则会使热能摄入过高，使儿童患高血压、高血脂、肥胖、冠心病等现代文明病的概率大大增加，或由于饮食过于甜腻而难以消化，引起消化道疾病，如便秘、腹胀等。

3. 给孩子做多样化食物

人体所需的营养素是多方面的，因此饮食必须多样化，任何挑食、偏食都会影响身体健康。建议同一天中不要做同样的食物给孩子吃，而且，同一种食物也不要采用一成不变的方法做，应该偶尔变换下做法。3～6岁的孩子对任何事物都会充满好奇心，食物也不例外，多种花样的食物能刺激孩子的食欲。

4. 让孩子专心吃饭，不做与吃饭无关的事

告诉孩子吃饭时要专心，不能做与吃饭无关的事，比如，不能到处乱跑、看电视、玩玩具等。在孩子吃饭时，大人不要逗孩子，不能批评孩子，要保持良好的情绪状态，同时教会孩子正确、文雅地使用餐具，培养吃饭整洁、干净的习惯。

5. 家里尽量少备零食

现在生活条件越来越好，家里都会储备各种各样的小食品。孩子若有吃零食的习惯，慢慢就会把零食当主餐，吃饭时不好好吃，饭后就开始吃零食，这样不利于孩子健康成长。

6. 多夸奖孩子

人人都喜欢听好听的话，孩子也不例外。平时吃饭时，家长应多称赞孩子，孩子听到家长的赞美心里肯定很开心，心里一乐吃起饭来也更轻松。

7. 顺其自然，不强迫孩子

有时，孩子食欲不振少吃一些，有些父母就担心孩子营养不良，强迫孩子多吃，并严厉训斥，这对孩子的机体和个性都是一种可怕的压制，使孩子认为进食是极不愉快的事，逐渐形成顽固性厌食。

培养孩子讲卫生的好习惯

　　琪琪是一个很乖巧、讲卫生的4岁小女孩，她的父母特别注意卫生。妈妈告诉琪琪，要从小养成爱清洁、讲卫生的好习惯，尤其是饭前便后洗手的习惯。

　　琪琪不解地问妈妈："妈妈，为什么饭前便后要洗手？"妈妈回答说："因为手上摸了脏东西，在吃饭前不洗干净，吃进肚子就会生病，肚子里就会长出虫子来，有虫子，就要去医院打针、吃药了。"等琪琪稍大一点，妈妈还进一步告诉她，饭前便后洗手可以预防各种肠道传染病。

　　从3岁左右开始，琪琪每天早晨起床后，就自己洗脸、洗手。尤其是吃饭前，从来都不用人提醒，自己就主动去洗手，洗完手，还用小毛巾把手上的水擦干净。有时爸爸一忙，吃饭前忘记了洗手，琪琪总是及时提醒爸爸去洗手。

　　琪琪不仅养成了爱洗手的好习惯，还养成了不乱扔果皮、纸屑的好习惯。有一次，琪琪和爸爸妈妈去公园玩，有一个小朋友吃完了香蕉随手将香蕉皮扔在草地上。琪琪看见了，马上跑过去捡起香蕉皮，丢进果皮箱里。旁边的大人都夸琪琪是一个懂事、讲卫生的好孩子，琪琪心里可高兴了。

 专家点评

从孩子懂事开始，就要着手培养孩子良好的卫生习惯，这对于增进健康、预防疾病很重要。习惯一旦养成，父母的负担也会减轻一些。

讲卫生是良好的生活习惯的一个重要方面。儿童卫生习惯培养主要指个人卫生，包括洗手、洗脸的习惯，洗头、洗脚和洗澡的习惯，早晚刷牙和饭后漱口的习惯，剪指甲和保持衣服整洁的习惯，等等。除个人卫生外，还要养成不随地吐痰、大小便，不乱扔纸屑、果皮等习惯。

养成良好的卫生习惯对孩子的身体健康非常重要，因为孩子的身体免疫力比较差，容易感染疾病。所以父母必须从小就培养孩子良好的卫生习惯，这会影响孩子一生的健康。

儿童期是习惯养成的重要时期，抓住这个时机进行培养，习惯容易养成，而且牢固，将收到事半功倍的效果，影响终身。那么，如何才能让孩子养成良好的卫生习惯呢？

1. 培养孩子基本的生活自理能力

保持良好的个人卫生形象，能够得到他人的尊重，也是对别人尊重的表现。父母要教孩子正确地洗手、洗脸、洗头、洗澡、剪指甲、使用手帕等，培养孩子良好的卫生习惯。比如，一定要使孩子养成饭前便后及时洗手的习惯，生吃瓜果要洗净去皮，经常携带并正确使用手帕，且手帕要经常更换，保持清洁。

2. 让孩子养成清洁皮肤的习惯

每天早、中、晚洗脸时都要让孩子洗手，有条件的话每天要洗一次澡，因为人体不仅会积留灰尘，还为细菌滋生、繁殖提供了场所。每晚睡觉前都要洗脚、洗袜，鞋子也应勤换、勤洗。

3. 让孩子养成天天刷牙的习惯

口腔进食后会留下一些残渣和怪味，如不通过刷牙或漱口除去，就会发酵生酸，助长细菌繁殖，腐蚀牙齿，影响肠胃功能，因此要养成饭后漱口、早晚刷牙的习惯。父母要教孩子学会正确使用牙刷，刷牙时要注意每颗牙齿都能被刷到。父母要为孩子选购毛束少、软硬适中的保健牙刷，这种牙刷刷头小，在口腔里转动灵活，使用方便。另外，牙刷、漱口的杯子都要专人专用，防止传染疾病。

4. 让孩子养成良好的作息习惯

如果睡眠不足，孩子就会急躁、哭闹不安、吃饭不香，甚至生病。父母要为孩子安排合理的作息时间，不要随便迁就孩子的不合理要求。只要持之以恒，经过不断地重复、巩固，就可养成良好的作息习惯。

5. 父母要保持家居环境的整洁

卫生、整洁的家居环境是家庭成员人人都要讲究的。孩子也要学会注意家中的各种卫生细节，使家里的地板、窗帘、床上用品、餐具、卫浴洁具等都保持清洁。父母为孩子提供一个整洁、干净的家居环境，就是在培养孩子的卫生习惯。

6. 教导孩子讲究公共环境卫生

孩子是社会小公民，也要注意公共卫生，这样才能赢得更多人的尊重。不乱扔果皮，不随地吐痰、大小便，就是保持公共环境卫生。孩子讲公共卫生，也是讲社会公德的表现，父母一定要注意培养他爱护公共卫生的好习惯。

7. 及时鼓励、表扬孩子的进步

在孩子很小的时候，就要让孩子养成饭前洗手的习惯。小孩最喜欢家长鼓励、表扬他，所以我们不要吝啬自己的语言，在看到孩子偶尔自觉地洗手后，就鼓励他、表扬他，孩子在接受表扬后，心中一定会非常高兴，从而更容易将这种好习惯保持下去。

让孩子养成按时睡觉、按时起床的好习惯

在一家私人幼儿园，中午午睡的时候经常会看到这样的情形：孩子翻来覆去睡不着，有的趴在床上四处张望，有的在咬被子、玩手指，还有的到了该睡的时候不睡，该起床的时候又不肯起来……

涛涛在家里一直有午睡的习惯。但是入园一周后，爸爸妈妈没有想到，遇到的最大挑战，竟是午睡问题。

涛涛是中班的小朋友，平日里特别顽皮，中午几乎不睡觉，喜欢在床上玩，还会不断影响其他的小朋友。小朋友们已经睡下很久，大部分小朋友都睡熟了，但涛涛一点睡意也没有。

老师走过去拍拍涛涛的肩膀，想让他慢慢进入睡眠状态，但是拍了很久也不见效果，老师说："你把眼睛闭起来试试。"涛涛用力地把眼睛闭起来，15秒钟后又睁开，嘟着嘴说："老师，我实在是睡不着。"

专家点评

涛涛在家从来不午睡，家长忙，所以懒得哄他睡午觉，久而久之他便养成了不爱午睡的习惯。

睡眠是人体的生理需要，通过睡眠，人体的大部分器官得到休息，这对于儿童的生长发育至关重要。儿童睡眠时生长激素分泌增加，有利于身体生长及脑功能的发育。睡眠充足的孩子精力充沛，心情愉快，食欲好，身体健康。睡眠不足的孩子就会烦躁易怒，食欲减退，体重增长缓慢，免疫力低下，容易生病。

专家支招

爸爸妈妈须加强与老师间的沟通，做到与幼儿园紧密配合，培养孩子良好的睡眠习惯，具体措施如下：

1. 晚餐时间要固定

儿童的晚饭时间最好是傍晚上五点半至六点，晚归的父母尽量不要和孩子一起吃晚饭，可以让爷爷奶奶或保姆陪孩子一起先吃，让孩子形成在固定的时间吃晚饭的习惯和意识。

2. 睡前避免兴奋

吃过晚饭以后，最好让孩子做比较安静的活动或游戏，比如看书、画画、听音乐、讲故事、堆积木等，千万不要让孩子做剧烈的体育运动，或让他看惊奇、恐怖的电视节目，否则会导致孩子特别兴奋，影响夜间睡眠。

3. 营造良好的睡眠环境

睡觉之前，最好打开门窗通风，通风是有效的净化空气的方法。在孩子睡觉时，可以将灯光调暗，最好不要制造噪音，尽量让孩子在安静的环境中睡觉。

4. 做好睡前准备工作

让孩子知道"到睡觉的时间了"也很重要，父母可以有意识地进行引导。比如每天播放同一首催眠曲，给孩子讲故事等都是不错的选择。

5. 早晨按时起床

早上七点左右就可以起床了，但有些孩子常常醒得很晚或者贪睡，不愿意起床。父母可以买一个充满童趣的音乐小闹钟，听到小闹钟的铃声，孩子就会自己起床，孩子早晨高兴，一天都有好情绪。

培养孩子自觉收拾玩具的好习惯

　　成成开始上幼儿园中班了，父母总希望孩子能在成长的过程中，行为习惯也同时进步。成成道理都懂，却依旧我行我素，不免让妈妈的心里着急。

　　一个星期六的早上，妈妈正忙于打扫卫生，看到成成那一堆乱丢乱扔的玩具心情不免又烦躁起来。但妈妈还是耐住性子，蹲下来对儿子说："成成，你看妈妈打扫卫生多辛苦呀，玩具是你自己的，你来收拾好吗？"只见他倒在沙发上，撒娇地对妈妈说："妈妈，我不会，您帮我收拾好不好？"妈妈顿时生气了，要把地上的玩具全部清扫出去，这下成成才乖乖地收拾玩具，但是对积木、餐具模型、拼图等玩具也不分类，就杂七杂八地堆在了一个大纸箱里。

　　接下来的几天中，玩具还是到处都是，成成又不收拾了。妈妈思来想去，觉得用命令的方式去强迫孩子收拾玩具，效果不尽如人意。于是，妈妈请教其他几位家长，终于找到了一个好办法。

一天，妈妈下班回家，就把成成叫到身边，对他说："成成，妈妈想到了一个好主意！"成成好奇地问："妈妈，什么好主意啊？"妈妈说："你们幼儿园有餐厅是吧？其实我们自己家里也可以布置个小餐厅，这样等你的小伙伴来了，你们就可以一起玩餐厅游戏了！你先把能够开餐厅的玩具整理出来可以吗？"成成一听兴趣来了，连忙说："好的，妈妈，我也要开一家餐厅！"于是很利索地把所有餐具模型挑了出来，摆放得整整齐齐的。

接着，妈妈又说："成成，咱们再开一家医院吧！"于是，成成又很快从一大堆玩具中找出了医疗用具模型，将"药瓶"、"听诊器"、"救护车"等都摆放在一起。

妈妈看着儿子忙个不停，玩具摆得整齐有序，高兴得直夸儿子"真棒"。后来，成成参照着幼儿园的班级布置，在妈妈的帮助下陆续整理出了"小小书吧""音乐区""娃娃家"等。

当天晚上，爸爸下班后也夸奖成成做得真棒，成成可高兴了。经过爸爸妈妈们的引导，成成乱丢玩具的坏习惯改掉了。

看到儿子的进步，爸爸妈妈都很欣慰。

专家点评

玩具是孩子的玩伴，能给孩子带来无限的欢乐，伴随他度过幸福的童年。因此家长都乐意给自己的孩子购买玩具。但是，孩子把玩具扔得到处都是，不少家长为此很苦恼，却没有好的办法说服孩子，忽视了教育孩子的好机会，结果孩子养成不爱惜物品的坏习惯。大多数家长都认为孩子小，乱扔的玩具应该由大人来收拾，这种认识和做法对孩子不利。家长应不失时机地培养孩子收拾玩具的好习惯，切不可认为是小事而掉以轻心。

其实，当孩子2岁的时候，父母就可以让孩子学习收拾玩具了，开始以父母收拾为主，请孩子帮助递拿，并告诉孩子："小狗、娃娃、小汽车和你玩累了，要回家休息了。"每天这样告诉孩子，孩子就会懂得玩具玩完要收拾好。之后，逐渐让孩子在父母的提醒下，把玩具放到指定的地方，由父母帮助放整齐，一直到他会自己收拾为止。

到孩子5岁左右的时候，父母应教孩子按类别把玩具摆放好。教孩子收拾玩具前，应先为孩子准备几个大纸盒或木盒子，或给孩子一个高矮合适、开合方便的抽屉，也可将大人的书架腾出一格或一角让他放玩具。

习惯成自然。在父母的帮助和提醒下，孩子不仅能养成收拾玩具的好习惯，而且随着这个良好习惯的不断强化和迁移，还能做到收拾好自己使用过的其他东西，如画完画后的纸、笔，脱下的衣服，等等。在日常生活中，从点滴小事开始培养孩子自己的事自己做，以及生活有序、做事有条理的好习惯，这将会使孩子终身受益。

孩子将玩具四处乱丢是非常常见的现象，这也是让父母头疼的行为，经常是父母收拾好，孩子又弄得到处都是。为了让孩子学会收拾，父母用尽了方法，可是效果都不太好，究竟该如何让孩子懂得收拾呢？

收拾是一种生活习惯，也是一种兴趣，这需要在日常生活中慢慢地让孩子养成习惯或者让收拾成为孩子的兴趣。下面就说说父母该怎么做。

1. 父母以身作则，营造良好的环境

父母是孩子的"第一任老师"。父母的一言一行都是孩子模仿的对象。如果想让孩子养成主动收拾玩具的习惯，父母就要做到东西不乱放，将物品放在固定的地方，这样时间久了，孩子就知道把物品放回原处了。良好的环境氛围是习惯养成的基础，因此，父母要努力给孩子创造这样的环境，这样才有利于孩子良好行为习惯的养成。

2. 教会孩子整理、归类、摆放的方法

在很多情况下，孩子不知道该如何整理或是摆放玩具。因此，刚买回玩具时，父母要告诉孩子玩具的具体摆放位置，以方便下次取用。必要时父母可以给予适当帮助。同时，先和孩子约法三章，告诉孩子如果不能自己收拾，下次就不能玩了，或拒绝给孩子增添新玩具以示惩戒。总之，父母在采取措施时要先礼后兵，而且要注意尺度，这样才能收到很好的效果。

3. 帮助孩子一起收拾玩具，达到言传身教

当孩子玩完玩具时，父母可启发诱导孩子："让我们一起把你的玩具在箱子里摆放好，行吗？""把你的小车停在它的车库里。"然后一同收拾。同时还要给他讲为什么要这样做，时间长了他就明白玩完玩具要收拾起来的道理了。

4. 把收拾玩具当成游戏，适时鼓励

游戏力求简单，可用竞赛方式，比如：把玩具车开进小车库，把布娃娃放到床上，把积木装进箱子里，等等。当完成一项任务时，模拟动物声音、动作，给予孩子表扬，以激发孩子收拾玩具的兴趣。

5. 反复训练，持之以恒

习惯的养成有一个循序渐进的过程。父母要仔细讲解示范，通过一个个活动，再加上手把手地指导和不厌其烦地说教，让孩子在反复训练中形成习惯。特别是刚开始时，父母一定要有耐心，通过不断强化、不断积累，才能让孩子做到持之以恒。

6. 适当惩罚，以儆效尤

在孩子玩玩具之前给孩子提要求，玩完以后要及时把玩具收拾好，如果孩子实在不愿意，就适当减少孩子玩玩具的时间或者减少玩具的数量，作为小惩罚。

总之，孩子良好行为习惯的养成不是一朝一夕的事，父母不能急于求成，一定要给孩子充足的时间，使孩子在没有压力、没有思想负担的情况下，轻松愉快地接受教育，从而养成良好的行为习惯。

训练孩子养成按时排便的好习惯

小雨刚上幼儿园小班，由于换了环境和害羞心理，小雨不敢在幼儿园拉臭臭，慢慢养成了憋臭臭的坏习惯，经常便秘。每次肚子胀胀的时候，就坐在地上不动，有时候臭臭都拉出来了，也不吱声。有几次，小雨闹肚子，实在是憋不住了，拉在裤子里。老师和父母都感到很为难。他们多次与小雨谈话，但效果都不是很好。

为了让小雨养成自主排便的习惯，妈妈给小雨规定每天早上7点坐马桶。可是小雨不愿意坐，一到坐马桶的时间，就想出各种理由拖延。这个定时坐马桶的习惯很难培养起来。

父母十分着急，于是只好求助于儿童心理专家。专家说只能心理疏导，打开心结，试着用讲故事的办法进行心理安慰和引导。于是，妈妈买了些关于孩子排便方面的儿童故事书和绘本，每天都讲给小雨听。

这个方法效果不错，小雨听了后，慢慢有所改善，每天到了早上7点，就很开心地坐马桶。有时候，如果不容易拉出来，妈妈就给她喝蜂蜜水。

一个月后，小雨就养成了每天定时拉臭臭的习惯，很少再便秘。

对于小孩排便的难题，每一位父母都会遇到，看到孩子拉得辛苦，父母在一旁干着急。有时候，孩子排便完全没有规律，有时上午，有时下午，有时甚至一整天都不排便，这对孩子的健康成长非常不利，父母要帮孩子从小养成按时排便的好习惯。

孩子3岁左右已经能理解不少成人的语言，父母可以训练孩子养成排便习惯。父母选一个较合适的固定时间，每天在这个时间让孩子排便。父母可以用"嗯……嗯……"声或"拉臭臭"等固定词语助孩子使劲排便，也要仔细观察孩子，弄清他在排便前可能发出的特殊信号。如有的孩子面部涨红、全身用力，有的孩子发呆，一旦得到信号，家长就及时把他引到便盆前对他说："坐在便盆上拉臭臭吧。"

刚开始蹲便盆时，孩子会不太习惯，可能会将便盆当玩具玩耍。即使这样，每次排便也应让孩子蹲便盆，让孩子逐渐习惯蹲便盆。随着孩子逐渐习惯使用便盆，家长应把便盆放在一个固定的、方便孩子排便的地方，以后孩子要排便时会自己去。

排便是在无意识的反射活动的同时，意识也发挥很大作用的生理现象，故可以通过训练建立条件反射以养成良好的排便习惯。婴儿听到妈妈的口哨会解小便就是通过训练建立的条件反射。

对于孩子来说，父母应该督促他们定时排便，养成每天早晨起床后或者自己认为合适的其他时间排便的习惯。一般在早晨起床后或早餐后最容易产生便意，所以在晨起或早餐后排便是最科学的。

那么，训练孩子养成排便的好习惯，父母该如何做呢？下面的一些方法仅供各位父母参考使用。

1. 准备好专用的便盆和选好固定地点

开始训练孩子排便时，最好准备一个专用的便盆，给孩子讲清楚便盆的用途，并尽量固定好位置。卫生间是大小便的最佳地点，这样固定地点不仅能让孩子形成条件反射，还能培养孩子不随地大小便的好习惯。

2. 让孩子固定时间排便

要想让孩子养成好的排便习惯，父母就需要训练孩子按时排便。时间最好是安排在早上起床之后，一起床妈妈就提醒孩子去卫生间，不管有没有便意都要去，养成早上排便的习惯。小便的时间也一样，孩子喝水后10分钟左右就要提醒孩子去小便，不要等到实在憋不住了才去。孩子贪玩，就算有便意他们也憋着，很多时候孩子尿裤子都是憋出来的。

3. 排便时间要科学

刚开始，3分钟无便可以先停止，过一会儿再重复一次。但每次排便时间不要超过5分钟，以免减弱排便刺激，还要防止脱肛或痔疮。如果孩子拉不出便便，家长可以用麻油擦在孩子的屁屁上，效果不错。另外，每天晚上为宝宝做顺时针的腹部按摩，也是很有效果的。

4. 注意清洁卫生

排便后及时清洁屁股，便盆每次用后也要及时倾倒，还要将盆沿擦拭消毒，冬天加个软垫，防止孩子因太凉而拒绝坐盆。

5. 不强制孩子或是指责孩子

当孩子不小心尿湿裤子时，父母不要对着孩子大喊大叫，或是动手打孩子，而应先帮孩子换上干净的裤子，再把孩子带到一边，蹲下身来，跟孩子好好交流，打骂不见得有效。还有些父母，当孩子没有便意的时候也强制孩子去排便，极易引起孩子的反感。

6. 合理搭配孩子的饮食

食物的通便作用不可小视。食物中的纤维素、苹果中的果胶等有刺激肠道蠕动、吸收大量水分，使大便变软并顺畅排出的作用。粗粮、糙米、蔬菜、水果含有丰富的纤维素，家长们要经常做点给孩子吃。

培养孩子做家务的好习惯

"五一"前夕一家幼儿园为孩子们制作了一张"假期家务安排表"。

一位妈妈说，她的双胞胎小孩，今年5岁，上幼儿园中班。看到这张"家务表"，她一句话道出了不少家长的心声："其实很多时候，不是孩子不想做，而是家长不让他们做。"

就拿"家务表"中对4岁孩子要求的"独立穿衣"这一项来说，要是让孩子自己穿，他们可能玩玩闹闹、磨磨蹭蹭半小时还没穿完。这时候家长只能妥协，直接帮孩子穿好。

"我家宝宝其实对清洗瓜果、蔬菜很感兴趣，可是一洗起来就把水稀里哗啦甩一地，反而给我们添麻烦。"一位6岁男孩的爸爸，看完"家务表"后摇摇头说，自家孩子可能只能做到两条，"我们是不会轻易让孩子接触电源的，连在厨房烧个水，都不会让孩子随便进去。"

一位上中班的女孩的妈妈，最近正在给孩子制作"生活安排表"，除了作业安排，其中还有不少家务安排。比如：饭前拿碗、摆放筷子；周日大扫除，整理一下书桌、衣柜和床铺等；假期里自己洗衣服。

这位妈妈说："我重视女儿做家务，这是对责任心最好的培养。家庭是一个人所在的第一个团队，要知道在家里，不是所有人都围着自己转，而是大家都在为家庭服务。"

现在的孩子大多是独生子女，是长辈的掌上明珠，在家中任何事长辈都包揽了，更不用说家务劳动了，于是孩子们缺少了锻炼，养成了娇气、懒惰的坏习惯。

在家里，孩子有舒适的生活环境；在幼儿园里，老师安排的劳动活动少，使得孩子动手机会减少，生活自理能力降低。

我国教育家陈鹤琴先生说过："凡是孩子自己能做的事，让他自己去做。"好习惯不是说出来的，而是训练出来的。要从日常生活开始培养孩子的自理能力。比如，让孩子自己起床、穿衣服、叠被子、收拾房间、洗漱、按时睡觉等。让孩子自己完成一些简单的事情，比如学会自己整理物品，学会物归原处。

因此，父母首先要从培养孩子参与家务劳动的意识入手，一开始就要求孩子观察长辈在家做家务的情形，慢慢地让孩子知道在家里要做哪些家务，是怎样做的；其次与孩子谈谈家务劳动的重要性，让他们意识到家务劳动的必要性。

让孩子做家务并不只是为了让孩子帮助家人分担责任，而是为了更好地培养孩子各方面的能力。家长总认为孩子做家务不是在帮忙，而是在给大人制造麻烦，却不知道这正是让孩子成长的有利时机。孩子在做家务的过程中，不仅锻炼了动手动脑的能力，也学会了为家人付出。让我们学会放手，让孩子在主动探索和动手操作中实现成长。

现实中几乎大部分家庭都把自家小孩当"王子""公主"养着，令他们的生活自理能力大大降低。家长应该从小就培养孩子做些力所能及的家务活，而不是什么都代劳，养成他们"衣来伸手，饭来张口"的娇气范儿。这样做不仅害了孩子，也苦了自己，那么如何才能培养孩子自愿、积极参与力所能及的家务活呢？

1. 目的要明确

让孩子做家务并不是单纯地为了做某一件事情，如整理房间、打扫卫生、倒垃圾等，而是为了培养孩子的责任感、自尊心、自信心和独立生活的能力。父母不要把让孩子做家务活看成可有可无的事情，孩子有兴趣就干，不愿干就不干。而应把干家务活作为孩子经常性的"工作"，坚持不懈，不能半途而废。

2. 一起做家务，营造和谐的氛围

很多时候，孩子更希望能和爸爸妈妈一起做家务。这样孩子就会觉得自己是协作过程中的一员，感受到自己是被尊重的，而不是服从的一方。

3. 记住表扬和道谢

无论孩子做得如何，别忘了给予孩子赞美和鼓励。在所有回报中，父母的赞美是孩子最喜欢的。做完以后，父母要向孩子表达自己的感谢，这种真诚的态度会令孩子更加积极地成为父母做家务的好帮手。

4. 不要过多地干预

父母应根据孩子的年龄和能力，选择适合孩子的家务活。孩子做家务时要注意安全，父母应该给予帮助，但不要过多干预，因为如果孩子认为"这些活是我自己做的"，就会有满足感和成就感。

5. 切忌用钱哄孩子做家务

不要用钱哄孩子做家务，而要使孩子做家务变成一种自觉自愿的行为。对孩子的劳动，最好的报酬是当着别人的面给予表扬，抱一抱、亲一亲，或说声"谢谢"。

6. 加强与幼儿园配合

孩子生长在不同的家庭里，所受的家庭教育各不相同，有的家长注重孩子的劳动教育，而不少家长却过分溺爱孩子，包办一切。但到了幼儿园这个大家庭中，孩子的自我劳动和动手自理就与家中不一样了，所以应搞好家园配合工作，父母经常与老师进行一些直接或间接的接触、交流，同时配合家庭教育孩子劳动，让他们在幼儿园积极参与一些力所能及的劳动。

第三章
—• 激发孩子的学习和阅读兴趣 •—
让孩子热爱学习

　　每一位父母都希望自己的孩子养成好学的习惯，一个好的习惯

会影响人的一生。良好的阅读习惯不仅能够开阔孩子的视野、增加孩

子的知识、增强孩子的专注力，还能让孩子有创造和思考的空间。

孩子的阅读习惯并不是一朝一夕就能养成的，而是靠家长和孩子一起

一点一滴积累起来的。

为孩子营造一个良好的读书氛围

　　天天和萌萌在同一所幼儿园上学，他们俩是好朋友，都有爱看书的好习惯。

　　天天是一个4岁的小男孩，最近他拥有了自己的小书房。天天的爸爸认为孩子的注意力容易被分散，在客厅大人的干扰会使他不能集中精力，给他布置一个安静、独立的小书房就可以避免孩子受到干扰，从而让孩子能够集中精力读书。

　　爸爸的决定无疑是正确的，天天自从拥有了自己的小书房后，看书时便不像以前那样总是三心二意了。

　　萌萌是一个4岁的小姑娘，她的父母平时最喜欢读书看报，家里收藏了各类文学著作数百本，还订阅了许多报纸。父母经常在一起探讨报纸或书籍上的内容。在父母的影响下，萌萌从小就对书籍产生了浓厚的兴趣。

　　3岁的时候，萌萌开始在父母的帮助下背诵唐诗，3岁半的时候，萌萌能独立背诵100多首唐诗了，令邻居家孩子的父母羡慕不已。每每背诵到动人的诗句，萌萌便会带上各种表情，让父母忍俊不禁。在小区里，萌萌令许多父母赞不绝口，成为大家口中的"阅读大王"。萌萌也高兴不已，对看书更感兴趣了。

 专家点评

　　父母是孩子阅读的启蒙者。对孩子来说，家庭的氛围非常关键。父母为他创造的是阅读的氛围，他就可能喜欢阅读；父母为他创造的是看电视的氛围，他就可能喜欢看电视。

　　据说，在每个犹太人家里，孩子出生不久后，母亲就会让孩子去舔一下粘上蜂蜜的《圣经》，从小让孩子感觉到"书甜如蜜"，可见犹太人为了营造一个书香家庭用心良苦。

　　为了培养孩子的阅读兴趣，家庭应该营造一种读书氛围。首先应该给孩子营造出一种健康、干净、温暖和快乐的阅读环境和阅读氛围。阅读的兴趣要从小培养，其中环境的熏陶最为重要。最理想的环境是，充满书香的家。

　　在家里，书无处不在，父母经常与孩子交流阅读经验和心得，在这种环境中，孩子必然受到潜移默化的影响。父母要鼓励孩子将书当玩具去玩，培养孩子视书为好朋友的观念。这样在很小的时候，孩子就对看书产生了兴趣。

　　在电视、网络普及，且影响了每一个家庭的现实情况下，更不可忽视培养儿童的阅读习惯，更要给孩子讲故事，诵读优美的儿歌和绘本，让孩子在优雅而快乐的氛围中获得知识与智慧。

3~6岁是孩子身心发展的关键时期，也是孩子智力发展的黄金时期，父母应抓住这一时期，为孩子提供良好的阅读环境和学习环境。那么，父母该如何为孩子营造出读书和学习的良好氛围呢？

1. 营造一个爱读书、学习的家庭氛围

父母是孩子最好的老师，其一言一行对孩子的影响都很大。父母爱读书、学习，在一定程度上会影响到孩子的学习兴趣，从而间接地影响孩子的学习成绩。孩子生长在一种充满学习气氛的环境中，很容易萌发自主学习的意识，从而养成自觉学习的好习惯。

2. 打造一个温馨和睦的家庭环境

温馨和睦的家庭有利于孩子的健康成长，能给孩子足够的安全感，让孩子安心投入学习中，因此，父母要努力为孩子构建一个温暖、和谐的家庭环境。父母要多和孩子沟通，尊重孩子，获得孩子的亲近和信赖，成为孩子最好的朋友，这样，孩子遇到学习上的难题，才会愿意向父母倾诉，和父母一起寻求解决的办法。

3. 创造一个安静的不受干扰的学习环境

父母要为孩子准备一个安静的、不受干扰的学习环境，让孩子能全神贯注地学习。在孩子学习的时候，父母要监督孩子远离电脑、电视机、手机和玩具等会分散注意力的东西，不要让孩子一边学习一边做其他事。另外，孩子学习的时候，父母要克制一些，不要在家里看电视、打麻将、大声谈笑，以免嘈杂的声音干扰孩子，让孩子难以静下心学习。

4. 为孩子准备一间独立的书房

孩子年龄还小，注意力容易被分散，如果给他们准备一间独立的书房，就可以最大限度地避免外界的干扰。在有条件的情况下，父母应该为孩子准备一间独立、安静的书房。房间要整洁、明亮，不需要繁复的装饰，布置得简洁舒适即可。在没有条件的情况下，最好为孩子准备一个"学习角"，安置书桌和椅子，让孩子有一个安心学习的地方。在相对安静的空间中阅读与学习会事半功倍。

5. 亲子共读培养孩子的阅读能力

亲子共读是加强早期阅读教育的良好方式。父母每天坚持半小时的亲子阅读，不仅可以增进父母与孩子之间的感情，还能使孩子很有安全感，这对孩子的性格、心理成长都很有利，让孩子在快乐中获得心智的全面发展。

当孩子看完一篇文章时，要鼓励孩子叙述出来。父母要注意适时鼓励、表扬和引导，让孩子感到兴奋和自豪，从而产生阅读更多书的愿望，养成热爱阅读的良好习惯。

父母以身作则，为孩子树立阅读榜样

　　龙龙是一个上幼儿园大班的小男孩，今年5岁。龙龙头脑很聪明，因此经常受到老师的表扬。但是，他不爱读书。

　　一天，龙龙从幼儿园放学回到家，看到爸爸像往常一样在玩电脑游戏。电脑屏幕上的游戏太精彩了，他轻轻地走到爸爸身边，从旁边搬过椅子坐下，抻着脖子看起来。

　　龙龙的爸爸是一个游戏爱好者，下班经常在家玩游戏。看到龙龙在一旁看得津津有味，妈妈皱起了眉头。她已经不知道说过孩子的爸爸多少次了，但孩子的爸爸不知道以身作则，终日沉迷于游戏之中，孩子根本不愿意听妈妈的管教。

　　有一次，妈妈让龙龙不要看爸爸玩游戏了，马上去看书。哪里知道龙龙竟然冒出一句："爸爸可以玩，我怎么不可以？"虽然龙龙后来在妈妈的说服下去房间里看书去了，但显得极不情愿，一边走一边回头看着爸爸的电脑屏幕……

专家点评

　　"家长自己在家都不爱读书，怎么去要求孩子在家多读书呢？"教育专家这样说。培养孩子良好的阅读习惯，需要家长以身作则，做出榜样。

　　家庭是阅读的基本单元，要营造自觉阅读、乐于阅读、享受阅读的家庭氛围，父母就要率先读书，为孩子树立起良好的阅读榜样。

　　父母是孩子接触得最多，也是最亲近的人，自然而然就成了孩子最早模仿的对象。良好的家庭环境对孩子的影响是不可估量的。父母通过自己的行为，为孩子营造勤奋好学的家庭氛围，让孩子从小树立起读书意识，才能使他们主动拿起书本，主动追求知识，真正爱上学习。

　　现在很多孩子没有读书的习惯，其中一个重要的原因是家长不爱读书。一个没有读书爱好的家庭怎么能培养出爱读书的孩子？

　　一个爱读书的幼儿园小朋友说，他爱看书是因为他的爸爸和妈妈都喜欢看书。可见，父母以身作则，才能成为孩子读书的榜样。每天在晚饭后的一段时间里，家庭成员在柔和灯光的陪伴下，每人手捧一本书或一份报纸，为自己的家庭创造一个宁静、温馨、舒适的读书环境，这要比父母说上千百遍的"快去学习！快去读书"的效果好得多。

专家支招

　　阅读习惯是孩子一生的财富，而培养孩子的阅读习惯是有方法可循的。掌握了这些培养孩子阅读习惯的技巧，孩子自然会爱上阅读。

1. 父母做榜样，放下手机，拿起书本

孩子是你的一面镜子，他一直在模仿、复制你的行为和习惯。所以，如果孩子不爱看书，家长首先要自我检讨。自己从来不读书，孩子怎么可能会喜欢呢？因此，建议爸爸妈妈放下手机，拿起书本去阅读，给孩子树立一个良好的榜样。

2. 读书给孩子听

阅读从倾听开始，孩子最初的阅读兴趣和阅读习惯来源于倾听。经常给孩子读一些经典童话或寓言，选择合适的时间段，每天至少读20分钟，并且一直坚持下去，可以使孩子沉浸在一种丰富的、有条理的，以及有趣的语言环境中。

3. 坚持每天给孩子讲故事

孩子的阅读要经历不同的阶段：绘本、讲故事、文字阅读。给孩子讲故事这个阶段非常重要，所以父母最好每天给孩子讲15分钟。说起来容易，坚持下来不容易。但只要几个月的时间，你就会发现孩子更加热爱阅读了。

4. 与孩子同读书

无论自己的工作有多忙碌，每天都应当抽出一些时间与孩子共同阅读。这对家长自身来说，是一种情操的陶冶；对孩子来说，是一种无声的教育。这有利于亲子双方在文化修养上的共同提升。

激发孩子的阅读兴趣，让孩子爱上阅读

豆豆最近对看书特别感兴趣，这与妈妈培养她爱阅读的习惯是分不开的。

每天晚上7点半开始，妈妈和豆豆就开始看书了。开始以陪伴阅读为主，妈妈跟豆豆一起读，一起讨论故事情节，引导豆豆谈谈感受。

慢慢地，妈妈开始鼓励豆豆尝试独立阅读。最初妈妈采用角色互换的方式，互相讲故事给对方听，并向对方提问。豆豆兴致很高，妈妈逐渐要求豆豆多讲一两个故事……

妈妈选择了一套有关动物的故事书，生动形象，豆豆很喜欢看。为了提高豆豆看书的兴趣，妈妈动了一番脑筋，她制作了一张奖励表，规定豆豆每天阅读10页，每增加2页奖励一个笑脸贴纸，积满50个笑脸贴纸她可以吃一个冰激凌，积满100个笑脸贴纸她可以买一个喜欢的玩具……

妈妈把奖励表贴在豆豆的书柜上，并和豆豆一起去超市购买贴纸。每天的阅读时间结束，妈妈都会把奖励落实到位，豆豆每天都兴高采烈。就这样，半年过去了。

现在，睡前阅读已经成为豆豆的一种习惯，豆豆阅读量越来越大，书读得越来越多，成为班里的"阅读小能手"。

兴趣是最好的老师。俗话说："知之者不如好之者，好之者不如乐之者。"3~6岁的孩子，一旦对某事物产生兴趣，就会孜孜不倦地追求，形成爱好，养成习惯。兴趣是阅读的内驱动力，有了这个动力，孩子就会挤时间读，有滋有味地读。因此，父母一定要在点燃孩子的阅读热情上下功夫。

孩子爱不爱看书，与父母的培养技巧有很大关系。在孩子学习阅读的初期，父母一定要对提供给孩子的图书进行精心挑选，尽量给孩子提供一些印刷美观漂亮、内容丰富有趣、情节发展符合儿童想象与思维特点的图画书，如动物画册、彩图绘本等。

孩子看书时，大都喜欢一会儿翻翻这本，一会儿翻翻那本。对此，家长不必过多地去管他。因为在3~6岁这个年龄段，好奇，好动，缺乏耐心和持久力是孩子普遍的心理特点。

阅读是一种求知行为，也是一种享受。因此，在孩子阅读过程中，家长应尊重孩子对书的选择，不应约束和控制孩子所读图书的内容、类型和范围。因为快乐的事才能做得长久，家长要帮助孩子发现自己想读的书，让孩子拥有好的读书心情。

孩子有自己的世界，有自己对世界的认识，理当让他选择自己喜欢的书去读。但父母也不能不闻不问、放任自流，而应该以培养和保护孩子的阅读兴趣为出发点，适时用自己的读书品位和阅读习惯潜移默化地影响孩子，让孩子从无目的读书走上有意义读书，学会自己选择有价值的书，学会向小伙伴推荐自己喜欢的书。

目前，很多父母因为孩子不爱看书而烦恼，更为培养孩子的阅读兴趣而绞尽脑汁。但是"强扭的瓜不甜"，一味地强迫孩子看书，反而容易引起孩子的逆反心理，使孩子反感读书、畏惧读书。

其实，注意一些生活中的细节，可以帮助孩子培养读书习惯，比单纯的口头督促更有效果。那么，该注意哪些细节呢？下面给家长们一些提示，希望对你们有帮助、有启发。

1. 居室布置要突出书香氛围

在居室的布置上突出书香氛围，让孩子在他的生活空间里尽可能多接触书，把书放在他经常看到的地方，如电视机旁、沙发上、床头等，以吸引孩子的注意，让他不知不觉进入阅读状态，久而久之养成习惯。一个到处都能看到书的家庭，才有可能培养出爱读书的孩子。

2. 经常带孩子去书店、图书馆

带孩子去书店或者图书馆，让孩子徜徉在书的海洋中，通过环境感受读书的气氛。这些地方的图书种类齐全，有许多书一定是孩子们喜欢读的，不用教孩子自己就会翻开来读，这对让孩子对书产生兴趣非常有帮助。

无论多忙，父母都要定期抽时间陪孩子去书店、图书馆，最好每月一至两次。

3. 把书作为礼物赠送给孩子

平时遇到节假日或孩子的生日时，父母可以把书作为礼物送给孩子，还可以让孩子把书作为礼物送给别人，这能培养孩子对书的热爱和对读书的兴趣。

4. 教育孩子爱惜图书、保管好图书

教育孩子平时要爱惜图书，读书之前要洗手，不要把图书弄脏。还要帮助孩子管理好自己的图书，把图书放到固定的地方，不要乱扔、乱放。这样，不仅能培养孩子爱惜图书的好习惯，对培养孩子的自理能力也有好处。

5. 每周与孩子进行一次读书交流

家里时常举行一些关于读书的交流活动，可以为孩子营造良好的学习氛围，激发孩子的学习兴趣。父母可以在每周末抽出一个下午或者两三个小时来与孩子一起坐在书房里探讨一下一周读书的体会，鼓励孩子把自己读过的书复述一遍，并且让孩子说说自己从书中受到的启发。这种读书交流活动可以为孩子营造一种愉快、民主的学习氛围，充分激发孩子学习的积极性和主动性。

6. 给孩子准备现代化的视听学习设备

科技的发展，不仅给人们的生活带来了便利，也给孩子的学习带来了极大的便利。现代化的视听学习设备，如点子词典、学习机、MP3等都能为孩子的学习提供方便。现代化的视听设备可以为孩子提供良好的学习条件，帮助他们更快、更多地学习知识。父母可以根据孩子的学习需要，为他们购置一些现代化的视听学习设备，辅助孩子更好地学习。

但是，凡事有利有弊，视听设备对孩子学习带来了很大的帮助，但

也会影响到孩子的视力。因此，父母应把握好这个度，给孩子设定好时间，比如，3岁以内每次15分钟，3～6岁每次20分钟，6岁以上每次30分钟的使用时间。

时间到了，就必须结束使用，做得到可以有小奖励，比如亲亲、抱抱、语言称赞等；做不到也要有小惩罚，比如减少一次使用时间。

让孩子养成主动学习的好习惯

一位爸爸为了让儿子爱上学习，买了好多书。但他让孩子看书时，孩子却跑去看电视。

一天，爸爸想到一个好办法。儿子特别喜欢跟爸爸去户外玩，跑步、踢足球都是他们非常喜欢的活动。随着天气渐渐变冷，爸爸想和5岁的儿子商量，每个星期去一趟天文馆参观。但是爸爸刚把想法说出口，就遭到了儿子的抵触。"爸爸，我不想去什么天文馆，那有什么意思？"儿子目不转睛地继续看动画片《熊出没》。

爸爸见劝不动儿子，故意对儿子说："你把电视机的声音关小点好吗？别影响其他小朋友睡觉。""大白天的，谁在睡觉？"儿子不服气。"美国的小朋友呀，这个时候，美国正是夜里。""你怎么知道的？我不信！""爸爸小时候特别喜欢去天文馆，知道了地球是圆的，知道了这个时候美国是黑夜，还知道了很多星星的事呢。"爸爸开始"下套"了。"那我也想去天文馆，行吗？"就这样，儿子主动让爸爸带他去天文馆了，学到不少天文知识和地球故事。

晚饭后，爸爸选择了一本名叫《地球奥秘大百科》的书，坐在沙发上看。儿子凑过来，问爸爸在看什么书，爸爸说看白天在天文馆没有看到的东西。儿子马上扑到爸爸的身上："爸爸，我和你一起看，好吗？""可以啊，咱们一起看！"爸爸让儿子坐在身边，从宇宙、太阳系，到地球的自转和公转，等等，一边讲一边提一些简单的问题，以调动儿子的兴趣。

此后，儿子逐渐爱上了天文知识，还缠着爸爸给让他买了好多天文方面的图书，并且还成了天文馆的常客。

专家点评

兴趣是最好的老师。父母应该让孩子把书本和实际的生活结合起来学习。比如，春天来了，可以带孩子在春天的某一天，到野外看看树叶有什么变化，小草有什么变化，小鸟有什么变化，等等。

还有，当孩子读到关于动物和植物的图画书时，可以带孩子到野外认识昆虫，如蝴蝶、蚂蚁等，给他准备一个小箱子或小盒子，让孩子养些知了、蟋蟀等，观察它们的生活习性。还可以让他种一棵小树苗，让他认识种子的魔力，感受从发芽到开花结果的过程是多么神奇。

有了兴趣，孩子才会主动参与到活动中去，才会积极探索想知道的知识。只有认真观察孩子在生活中产生的兴趣，父母才能抓住孩子关注的问题，正确引导孩子。这样，孩子才会积极、主动学习。

在为孩子创造学习机会与条件的同时，会出现许多孩子感兴趣的、乐于参与的、探索性很强的活动。在户外活动时，孩子发现草地上的蚂蚁在搬家，就会产生浓厚的兴趣。"蚂蚁这么小，它们搬得动大虫吗？它们是怎么搬的？"孩子对此会产生很多疑惑，他就会去问父母或者老师，这时你就拿出图书，给孩子讲解，孩子就自然而然爱上学习、爱上看书了。

3～6岁的孩子活泼、好动，好奇心强，喜欢看看、摸摸等。所以，父母应考虑到孩子年龄小的特点，利用孩子好玩的天性，引导孩子主动学习、爱上学习，培养孩子玩中学，学中玩。

1. 采用表扬、鼓励的方式引导

在活动中，父母应采用表扬、鼓励的方式，引导孩子多说，逐渐地调动孩子的学习积极性和主动性。尊重孩子自主选择喜欢的游戏和其他活动的权利，不要限制孩子。

2. 增强游戏的灵活性，激发好奇心，促使孩子主动学习

孩子学习的主动性主要是通过活动表现出来的，也只有通过活动才能培养孩子主动学习的习惯，而游戏是最能发挥孩子主动性的活动。通过玩游戏，孩子从无意识学习转为有意识学习，既满足了愿望，又使学过的知识通过游戏的形式得以巩固，调动了自身的积极性。

3. 带孩子到不同的地方旅行，去学习书本外的知识

如果条件允许，父母要多带孩子到各地旅行。书本上的知识结合实地观看，孩子记忆起来会更加容易。

让孩子养成良好的写字习惯

　　欢欢今年6岁，上幼儿园大班，有一段时间在家做作业总是趴在桌上，大拇指压在食指上写字。妈妈发现了，赶紧向学校老师了解欢欢在学校写字时的情况。

　　老师分析说可能是由于欢欢贪玩，想尽快写完作业出去玩，即使写累了也不肯停下，于是出现趴着写的现象。最近，妈妈还发现欢欢看电视时眯着眼，感觉欢欢的视力出现问题了。于是，妈妈决定纠正欢欢的写字姿势，让他养成良好的写字习惯。

　　妈妈首先告诉欢欢正确坐姿的要领是头正、身直、臂开、足安。正确的执笔方法是食指与拇指的端部轻捏笔杆，离笔尖约一寸处，中指的第一指节处顶住笔杆，无名指和小指自然弯曲垫在下面，笔杆上部靠在食指根部的关节处，笔杆与纸面保持45°～50°角。

　　这些动作要领妈妈都逐一示范，让欢欢逐句理解、领悟动作要领，每次写字前都与他重温一遍，并多次纠正。刚开始时，欢欢觉得别扭，力不从心，笔杆不听使唤，书写的速度也较慢。这时，妈妈就给予适当的鼓励和表扬，帮助其树立自信心，提高自制力，以防止他偷懒，继续使用原来的不良写字姿势。

经过一个多月的训练，欢欢的写字姿势越来越规范了。

一般来说，3～6岁的孩子，神经和肌肉的发育达到比较完全的程度，可以从事比较精细的动作。这时，可以让孩子练习"画"字，在比较大的空间内学画不同的字，等画得不错了，再逐渐教他在较小的空间里用较细的笔写字。

良好的书写习惯应从小培养，可不少父母认为书写习惯的培养是学校老师的事，忽视了对孩子写作业时坐的姿势和握笔姿势的监督。孩子写的字歪歪扭扭、潦潦草草、大小不均，父母都视而不见；孩子写字时趴在书桌上、弓着腰，父母都不制止，如此发展下去，就会出现近视、斜肩、驼背、脊椎弯曲等现象，影响孩子身体健康和一生的发展。因此，父母要有强化孩子良好书写习惯的责任意识，配合老师，共同培养孩子良好的写字习惯。

每个人都希望自己写得一手漂亮的字，孩子也不例外，但是字写不好与许多因素有关。对于3～6岁的孩子来说，他们的小肌肉发育尚不完全，手部精细活动不协调，因此，即使有写好的愿望，书写质量依然较差。这时，父母应告诉孩子书写质量会不断提高。让孩子知道，写字不单是为了巩固所学的知识，仅仅保证正确是远远不够的，作业还有提高书写能力的作用，写得一手好字可以使人受益终身。

在一段时间内，父母对孩子每天的作业书写情况加以点评，对孩子在书写上的点滴进步给予表扬，不断激励孩子以正确的态度对待作业，养成良好的写书习惯。

孩子到了一定的年龄段，进入幼儿园大班的时候，父母都会想着教孩子写字，如何教孩子写字呢？可以从以下几个方面入手：

1. 从小抓起，越早越好

尽早使孩子养成良好的学习习惯是很重要的。年龄小时，习惯既容易养成，也容易巩固，不良的学习习惯若被及时发现也易于纠正，等到不良习惯越积越多并稳固定形时，既会影响良好习惯的建立，又不易于纠正。

同时，儿童好动、注意力不集中、坚持时间短是其天性，这就需要家长不停地督促，注重对儿童书写姿势的指导。这样才能形成对儿童书写习惯培养的合力，增强教育的效果。

2. 注意培养孩子正确的书写姿势

当孩子一开始拿笔时，父母就要对他们进行执笔姿势的顺序训练，教会他们怎样握笔、怎样坐正、怎样写。在顺序训练一段时间后，孩子基本上习惯于正确的坐姿与执笔姿势了，父母还要时时提醒，经常观察、示范，直到孩子养成正确的书写习惯。

3. 孩子幼时应该学会描摹

虽然描摹不等于书写，但是描摹对书写很有帮助。对于缺乏描摹小字或精巧图画能力的孩子，父母应先给他们一些大张的纸来描摹较大的字或画。到了一定阶段，孩子就会从描摹转为书写。

4. 指导孩子把握合适的写字力量

孩子刚学习写字的时候，把握不好写字的力量，要么用力过轻，要么用力过重。如果写字力量过重，就容易折断铅笔芯、戳破纸，写错了用橡皮涂擦后显得脏。所以，父母要亲自指导和帮助孩子把握合适的写字力量。

5. 指导孩子按照笔画顺序运笔

汉字的书写讲究运笔的顺序，就是按照汉字约定俗成的顺序书写每一笔画。如果父母发现孩子书写汉字的笔顺不正确，就要进行指导。孩子常犯的错误是把一笔分成几笔写，或者把几笔连成一笔写，或者笔画倒着写。

6. 初步把握字体的大小与匀称

在写字规范、工整的同时，可以初步指导孩子把握汉字的整洁与美观。整洁就是不要涂改过多、字迹要清晰，美观就是字体大小合适、字体结构匀称、字与字之间的间距不大不小。孩子学写字之初，父母可以提醒孩子注意观察字体是否美观，暂时达不到理想的目标也没有关系，可以通过努力逐渐变得美观。

7. 与其他好习惯互相促进

除了学习习惯外，还要养成的良好习惯有很多，如生活习惯、卫生习惯、劳动习惯等，它们都源于孩子的学习、生活，具有很大的关联性，如孩子一旦养成良好的生活习惯，那就为他形成良好的卫生习惯、劳动习惯、学习习惯等创造了条件。因此，培养孩子良好的学习习惯，就要与良好的生活习惯、卫生习惯等结合起来，互相促进，共同发展。

提高孩子的智力从培养观察力开始

奶奶屋后有一个菜园，里面种了各种蔬菜，有菠菜、韭菜、蚕豆、油菜、香菜等。这些菜平时上幼儿园的小孙子乐乐都吃过，却不知道它们的名字，更不了解这些蔬菜的生长过程。有了这个菜园，奶奶每天都要带着乐乐去看看这些蔬菜，慢慢地，乐乐熟悉了这些蔬菜。

前些天一直下雨，几天不见，这些菜又长大了好多。菠菜密密麻麻，绿绿的，长得特别好看；蚕豆一颗颗壮壮的；油菜叶又宽又大……突然，乐乐惊喜地叫了起来："奶奶，您看，这颗菜中间长了许多小豆豆。"乐乐好奇地往前凑，想看看小豆豆到底长什么样。奶奶说："那不是豆豆，是油菜的花苞，过两天这些花苞就会开出黄黄的小花了。"乐乐的眼里充满了期待。

三天过去了，油菜花居然全都开了，一片金黄。乐乐高兴地跳起来，欣喜地观察着这些花朵。奶奶告诉他过两天油菜又要变魔术了。它会变出什么呢？奶奶没有直接告诉他答案，说下一次再来准有新的变化。

又过了几天，奶奶带着乐乐来到菜园时，油菜花谢了，顶端结出了细细、长长的豆荚。乐乐感到非常惊奇。奶奶告诉他，等这些绿绿的豆荚变成咖啡色时，就可以收获了。

从一开始一粒粒小小的种子到开满金黄的花朵，再到最后结出种子，乐乐看到了油菜的成长过程，也从中学到了许多小知识，知道植物世界充满了神奇。

 专家点评

我们身边有许多值得去观察、探索的事物，父母应从小教导孩子去观察事物，加深孩子对事物的认识和理解，培养孩子的观察能力，锻炼敏锐的双眼。

观察力是一种有意识、有目的地去认识客观事物或者现象的能力。观察力与学习密不可分，培养孩子观察的习惯是发展孩子智力的基础，敏锐的观察力是促进孩子发挥其想象力和创造力的源泉，需要父母注重培养。

父母都希望孩子聪明伶俐，所以在孩子刚出生时就积极开发他们的智力。观察力是一切智力活动的基础。3～6岁的孩子观察力与大人有很大的区别，他们喜欢动态、颜色鲜艳、位置明显的物体，而那些静止、颜色灰暗、小而模糊的物体他们却不感兴趣。

一个智力超常的孩子，最大的特点就是观察能力强。可见观察能力的强弱对儿童学习掌握科学文化知识和思维能力的发展都有着重大的影响。因此，父母要根据孩子观察能力的特点和发展趋势，耐心细致地加以正确引导，有意识、有目的地培养孩子的观察力，使他们在不断学习和成长的过程中提高对事物观察的能力，同时还可以锻炼他们分析问题和解决问题的能力，推动其智力的发展。

观察是孩子认识世界的主要途径。不过，这里所说的观察，不是单纯地用眼睛看，而是有计划、有目的、较为持久的知觉高级形态。观察力的培养对孩子的一生都具有重要的意义。

父母可以从以下几个方面入手，有意识地加强对孩子观察力的培养：

1. 激发孩子观察事物的兴趣

兴趣是孩子观察的动力，只有对事物产生浓厚的兴趣，他才会积极主动地去观察。3～6的孩子对周围世界有着强烈的好奇心，这种好奇心容易使他们对周围事物产生兴趣，特别是符合孩子需求的东西，更能吸引他们的注意。

父母要根据孩子的这一特点，激发孩子观察事物的兴趣并培养他们喜欢观察、勤于观察的良好习惯。比如，父母可以经常向孩子提出一些问题，以激发孩子观察事物的兴趣。

2. 教孩子正确的观察方法

当孩子表现出对事物的观察兴趣后，父母应教会孩子如何观察。在指导孩子具体观察某一事物时，应教会孩子有顺序地从上到下、从里到外、从主要特征到次要特征进行观察。孩子观察结束后，可以让他说说观察到的现象，这样既加深了孩子的认识，同时又锻炼了孩子的表达能力。

3. 为孩子创设观察的条件

日常生活中可供孩子观察的东西有很多，如太阳、月亮、花草、树木、鸟兽、鱼虫等。家长应注意选择孩子能理解的事物，引导孩子进行观察、思考，培养孩子的观察力。另外，在家里要为孩子创设一些可以进行观察的条件，如种一些花草、养一些鱼等，引起孩子观察的兴趣。只有经常性地对孩子进行训练，他的观察能力才会不断地加强。

4. 适当地表扬孩子的观察行为

孩子最初的观察活动可能是无意识的，如果这时能得到父母的肯定，他的观察行为就会得到强化，这样有利于培养他乐于观察的良好习惯。

第四章

—• 让孩子自由发挥创造力 •—
培养孩子的想象力

什么是孩子的想象力呢？它是对已有形象的再造、

联想、迁移等能力。比如，看到一个圆形，

孩子会联想到很多东西：太阳、鸡蛋、饼干、皮球等。

想象力，对孩子的未来极其重要，想象力丰富的孩子善于思考，爱问

"为什么"，做事情也会更有创意。

父母应给孩子足够的探索机会，让孩子多接触新鲜事物，允许孩子表

达，对于孩子的创造性表现和表达给予充分的鼓励和肯定。

孩子想象力的训练方法

爸爸带着5岁的儿子在学校操场玩拍球，儿子玩累了，躺在草坪上，爸爸也躺下了。当爸爸看到蓝蓝的天上有片片白云时，问儿子天上的白云像什么。儿子不禁大声喊："爸爸，我真想采下一片白云。"爸爸问："为什么？""我想吃啊，好甜。那是棉花糖啊！"爸爸抬头望去，这片片白云蓬松、柔软，多像棉花糖！

爸爸又问在旁边玩耍的另一个小朋友，那个小朋友则说："那不是棉花糖，那是我爷爷放的一群绵羊。"原来，这个小朋友的爷爷在农村，养了一群羊，怪不得他对羊的记忆表象特别清晰。

从案例中，我们可以看出，孩子的感性知识和生活经验，对他们的想象是很重要的。孩子个体的经历不同，想象的内容也有区别。孩子的想象力在三四岁时迅速发展，这个阶段的想象基本是一种无意想象，也可以说是一种自由联想。

孩子思维活跃，犹如天马行空。他们喜欢思考，想出新意。特别是当有很多孩子聚集在一起的时候，他们往往会各抒己见、滔滔不绝，甚至会发生激烈的争论、冲突，直到争得面红耳赤。

3～6岁的孩子思维没有定型，喜欢想象。如果老师在黑板上画一个圆圈，问孩子："这是什么啊？"他们一定会说出一大堆答案：鸡蛋、太阳、月亮、向日葵、苹果、橘子、西瓜、烙饼、篮球、足球、排球、硬币等。可见，这一时期的孩子思维活跃，想象力丰富，令人佩服不已。

这个阶段的孩子非常有想象力，如在"过家家"时，常把玩偶当作娃娃，拿杯子给"娃娃"喝水，拿小手帕给"娃娃"擦眼泪，等等，都反映了孩子的想象力。但孩子有时也把现实与想象混淆，如当孩子听到伙伴津津有味地讲述自己去游乐场玩得很开心时，他会想象游乐场有多好玩，然后说："我妈妈也带我去了。"这并非说谎，而是孩子将想象与现实混淆了。

但是，这一时期孩子想象水平较低，想象很简单或是零碎、不够完整。如3岁的孩子，看到玩具车上的方向盘就会手握方向盘，嘴里不停地"嘟嘟，嘟嘟"叫着，想象着自己是司机在开车。至于开车到哪里，去干什么，则不清楚、不确定。

专家支招

想象力是人的一项重要能力，往往要在儿童时期就加以培养。这段时期孩子的想象力最丰富，父母要多多关注孩子的感受和变化，多做有益于发挥孩子想象力的事情。

1. 教孩子捏橡皮泥

橡皮泥是培养孩子想象力的较佳的道具，它可以让孩子自由发挥，做出各种不同的造型，可以是人物、水果、玩具等形状。父母在必要的时候进行指导，孩子在刚刚接触橡皮泥的时候，可以从简单的造型开始做，如面条、饼干、筷子、数字、字母等。

2. 让孩子续故事

父母给孩子讲故事时不要每次都讲完，有时讲到一大半，结尾让孩子去完成，时间久了，孩子便在续编故事中发展了想象力。

3. 让孩子补画面

父母可先画几幅未完成的画。比如，小鱼少一条尾巴，小猫少一条腿，小狗少一只眼睛，等等，让孩子想象和辨认究竟缺少什么，学着补画缺失部分，构成一个完整的画面。

4. 让孩子听不同类型的音乐

让孩子多听不同类型的音乐，可能有时候你会发现孩子并没有用心在听，不过你在播的时候，孩子在脑海中已经不知不觉熟悉这首曲调，慢慢地，他会在脑海里浮现出各种各样的图案和情景。

5. 与孩子做游戏

通过游戏活动培养孩子的想象力。比如，可以通过"过家家"、角色扮演、情景模拟等游戏，让孩子体验不同角色，使孩子的想象力不知不觉地在游戏中有所提升。

6. 与孩子玩玩具

玩具为孩子的想象活动提供了物质基础，启发他们去创造，促使他们去想象，有时孩子可以长时间地沉浸于自己的玩具想象中。

比如孩子抱着布娃娃做游戏时，会把自己想象成爸爸或者妈妈，还会自言自语地说"娃娃不哭，妈妈抱抱，娃娃睡觉"等。这些有趣的游戏，能够活跃孩子的想象，促进他们想象力的发展。

7. 与孩子互动开放式问题

父母可以经常给孩子提一些开放式的问题，让孩子用多种答案来回答。比如问孩子："水有哪些用途？"回答会有很多种。尽可能让孩子大胆思考，回答得越多，证明孩子的想象力越丰富。

提高孩子的想象力从学画画开始

阳阳刚上幼儿园不久，对画画非常感兴趣。妈妈给阳阳报了个绘画班，希望阳阳能够把画画这一兴趣保持下去，还特意为阳阳买了一盒新的水彩笔。

回家后，妈妈发现阳阳拿到水彩笔后便迫不及待地在纸上画画。本以为阳阳可以安静地画画，但是当妈妈把晚餐准备好从厨房出来时，被眼前的"作品"惊呆了。

原来，阳阳趁妈妈不在身边，把大拇指涂上了颜色。妈妈看到墙上多了不少五颜六色的手指印，便气得想教训阳阳一番。但看到阳阳委屈的眼神，妈妈立刻打消了这个念头。

事实上，阳阳妈妈大可不必为这种"小破坏"而大动干戈，反而可以

很开心地为孩子喝彩：在没有大人引导的情况下，阳阳居然可以想到用手指在墙上作画！想象力真是太丰富了！

孩子小时候都对新鲜事物有着强烈的好奇心，希望可以看一看，亲手摸一摸。在幼儿园里，老师为了让孩子画出一幅符合要求的图画，会给孩子设置不少条条框框。殊不知，这样会阻碍孩子想象力的发展。

其实，画画是培养孩子想象力的一个很有效的途径。我们可以启发孩子进行大胆想象，画出自己想要画的画，效果往往会出人意料。3～6岁是孩子想象力最丰富的时期，父母不仅不应过于限制，还应耐心听取他们的想法，帮他们丰富想象力、拓展思维。

孩子可以随心所欲地、不受限制地去画想要画的东西，不必在乎比例对不对、画得像不像。比如，人物的脑袋可以是方形的，也可以是三角形的或其他形状的。如此，在孩子的笔下，才会有多姿多彩、充满童趣和想象力的画面。这是孩子在大胆地、独立地按照自己对周围世界的认识和理解进行创作，父母则应对其想象力和创造力积极鼓励和保护。

如今，父母都知道孩子学习画画的益处：通过绘画，孩子可以把自己脑海中的意象和情绪表达出来，使父母更好地理解孩子的内心世界；同时，美术活动还可以培养孩子的观察力、想象力和创造力，让孩子越来越聪明。

专家支招

父母们很积极地给孩子报绘画班，请专业的老师教孩子画画。那么，除了兴趣班里老师的指导，父母应该怎样指导孩子学习画画呢？

（1）要根据孩子的年龄特点，为孩子创造适宜的环境，如悦耳的歌声、生动的画面，都可以激发孩子潜在的绘画才能和丰富的想象力、创造力。

（2）有意识地引导孩子去观察、欣赏。如观察天上的白云时，可以通过问问题来启发孩子，比如"白云像什么""白云变成了什么"，让孩子充分地想象，有顺序地从事物的形态到具体细节特征来感知美、创造美。

（3）创设良好的心理环境。大人要及时肯定和鼓励孩子的好奇心和探索行为，使整个绘画过程气氛轻松，这样才有利于发展孩子的绘画创造力。

（4）丰富孩子的生活经验，是帮助孩子在艺术天地成长的重要方式。举例来说，游泳、爬山、唱歌、跳舞，甚至生活中的吃饭、洗澡、刷牙、睡觉等点点滴滴，都是丰富孩子画画灵感的经验来源。

手工制作，开启孩子的无限想象力

今天是周六，妈妈和女儿豆豆一起在家做手工制作，这是豆豆上幼儿园后第一次做手工，所以妈妈特别用心。这次手工制作的内容是用橡皮泥做胡萝卜。妈妈和豆豆在书桌前坐好，准备好橡皮泥，妈妈先把橡皮泥取出，然后用手搓成一个圆，豆豆帮忙取出泥工板，把妈妈搓好的泥团放在泥工板下面，轻轻一压，一个胡萝卜的形状就出现了。

豆豆看着"胡萝卜"，可高兴了。妈妈说："豆豆，咱们现在不用泥工板，做小鸡、小鸭，好吗？"豆豆很爽快地答应了。

豆豆用小手帮助妈妈揉橡皮泥，一会儿橡皮泥就揉好了。妈妈翻开手工制作书，找到小鸡、小鸭的图片，告诉豆豆先做小鸡的身体，然后做小鸡的脚，最后再做小鸡的嘴巴。豆豆一边听，一边看妈妈捏橡皮泥，不一会儿一只小鸡就做好了。妈妈又用同样的方法教豆豆做小鸭子。就这样，妈妈接连教豆豆做了好几次，豆豆慢慢学会了。豆豆尝试自己做，妈妈在旁边一边看一边指导。10分钟过去了，豆豆自己做了一只漂亮的小鸡，她别提有多开心了。

　　手工制作是儿童非常喜欢的一项活动，它有许多形式，如撕纸、折纸、剪纸、染纸、泥工、点画、吹画等。手工材料五花八门，一张纸、一块布、一个盒子、一片树叶，都可以随意制作。

　　手工制作是培养儿童动手、动脑，启发儿童创造性思维的重要手段，同时对培养儿童仔细观察、认真思考、积极动手、形成立体空间观念等方面均有非常重要的作用。

　　众所周知，3～6岁正是孩子想象力、创造力发展的黄金时期，他们思维活跃，可塑性强，想象力丰富。这个年龄段的孩子具有好奇和好动的特性，他们往往对手工工具和材料有很大的兴趣，有时会自发地去做一些物品，加上生活经验不断丰富，大脑功能不断趋向成熟，双手的小肌肉群也得到了进一步的发育，大部分的手工制作都可以独立完成。

　　很多时候，都是老师或者父母先提供一些事物的图片或者造型，然后引导孩子用发散性思维去思考，再调动孩子的制作热情，让孩子尽情地发挥自己的想象力，制作自己头脑中的事物。这样手工制作不仅锻炼了孩子的动手能力，还很好地培养了孩子的创造能力。

　　常言说"心灵手巧"，多培养孩子的动手能力，对他们的智力开发很

有意义。父母多花时间陪孩子做手工，还能增加亲子间的交流，促进亲子关系。陪孩子做手工的时候，父母有两点需要注意：

1. 创造环境，激发兴趣

如父母要教孩子折纸，要在家里布置好折纸环境，这对培养孩子折纸的兴趣极其重要。为了给孩子带来身临其境的感觉，可以用五颜六色的纸折出蝴蝶、小鸟等，还可以折出各种花，然后用丝线穿起来，悬挂着。孩子的兴趣被调动起来，就会萌发出折纸的愿望。

2. 孩子做手工，父母别代劳

育儿专家介绍，父母可以教孩子做手工，但不要代替孩子做。很多父母都希望孩子有良好的动手能力，现实却是，当孩子动作稍慢时，父母就忍不住动手帮忙，甚至全程代劳。育儿专家表示，孩子的动手能力需要自己磨炼。

和孩子一起做亲子游戏

洋洋是一个爱玩游戏的小男孩，总是缠着爸爸和他一起玩游戏。爸爸工作虽然忙，但总会抽时间陪他一起玩。聪明的洋洋已经学会玩很多游戏了，所以经常会主动教爸爸玩，比如扮演一些小动物角色，甚至一些搞怪的小丑角色，但游戏中爸爸常常表现得不如洋洋厉害。

对此，爸爸一方面觉得大人扮演小丑搞怪很别扭，另一方面又觉得玩不过孩子很丢脸。但是，爸爸又无法直接拒绝洋洋，所以觉得左右为难。

案例中的爸爸因为觉得大人扮演小丑搞怪很别扭，玩不过孩子的时候又觉得很丢脸，所以在游戏中常常无法尽兴。其实，大人的这种表现，很容易影响孩子对游戏的兴趣。

亲子游戏是家庭内父母与孩子之间以亲子感情为基础，以亲子交往为形式而进行的一种活动。家长都应和孩子玩玩亲子游戏，以增强亲子关系。

在孩子的成长过程中，玩是孩子生活的全部，他们最喜欢的就是能自由自在地玩耍。玩游戏是孩子们最热衷的一项娱乐活动，在玩游戏的过程中，孩子的智力、想象力也得到了锻炼。孩子的想象力正是在各种有趣的游戏活动中逐渐发展起来的。游戏的内容越丰富，孩子的想象就越活跃。因此，父母应该积极组织、引导孩子参加各种游戏活动，从而让孩子的身心得到良好的发展。

小孩子生来是好动的，是以游戏为生命的。游戏是孩子的主要活动，他们玩游戏时，想象会变得异常活跃。下面就列举几个有助于激发孩子想象的游戏。

1. 敲水杯

准备几个玻璃水杯，往杯子里添加不等量的水。然后让孩子拿筷子去敲击不同的杯子，听听发出的声音有什么不一样。

效果：这种游戏可以让孩子了解声音的强弱和用力大小、振动幅度的关系，提高听觉的敏锐性。

2. 看画册

家长准备一些孩子喜欢的画册，和孩子一起看。在看的过程中，可以让孩子讲一些相关的话题，或者讲那些能够联想到的事情。比如，看到画册中的小狗，可以让孩子说一说小狗怎么叫，在小区里玩的时候看到小狗了吗……

效果：爸爸妈妈经常和孩子一起看画册，不仅可以提高孩子的表达能力和想象力，增加孩子的词汇量，还可以很好地促进亲子感情。

3. 给爸爸妈妈讲故事

可以让孩子讲一讲，当天在幼儿园看到了什么，和谁玩了，等等。哪怕只是一件很简单的事情，也可以鼓励孩子从不同的方面来表达。

效果：为了将事情表达清楚，孩子需要在头脑里构想所要讲述的内容，想象事情发生的场面和情景。这不仅可以提高孩子的语言表达能力，还可以锻炼孩子的思维能力。

4. 按节拍做运动

给孩子播放音乐，让他随着节拍做运动。孩子可以根据自己的感受做运动，也可以跟随录音哼唱。

效果：这不仅可以培养孩子的节奏感，还有助于提高孩子的想象力。

5. 蒙着眼睛猜声音

先用一条纱巾将孩子的眼睛蒙上，然后在旁边发出一定的声响让孩子猜。比如，拍手的声音、跺脚的声音、摇铃铛的声音等，看孩子能猜对多少。

效果：在猜声音的过程中，孩子的推理能力和想象力得到了发展，注意力更加集中了。

听音乐能提高孩子的想象力

　　在一次幼儿园老师布置的音乐家庭作业中，妈妈让女儿听着音乐自由跳舞。女儿跳出了各种各样的动作。这时，妈妈发现女儿跳得很投入但是节奏不对。妈妈走过去对女儿说："你的动作太优美了，你看妈妈这样跳好不好？"一会儿，女儿就跟着妈妈的节奏跳起来，跳得很好。女儿的脸上流露出成功的喜悦。

 专家点评

　　人们用音乐抒发情感，用音乐愉悦生活。孩子有一半时间是在家中度过的，所以家庭环境对他们有极其重要的影响。父母如果懂音乐当然好，但这并不是必要条件。在创造性的音乐教育中，更需要的是父母有耐心、有兴趣去参加孩子的音乐活动，同时父母的配合也是十分重要的。如母亲在做家务时，可让孩子随着歌声有节奏地和她一起干活，从而使孩子在幼儿园受到的教育得到延续，拥有一个音乐化的家庭氛围。

　　孩子的生活以游戏为重心，常在游戏中以最纯真、最自然的方式表现自我、抒发情绪、发挥想象。丰富多彩的音乐游戏活动，常常带有童话色彩，有角色，有故事，有剧情。它不是以说理的方式，而是以音乐的形象性、情感性陶冶孩子。愉快而有益的音乐游戏活动，不仅使孩子在精神上得到了愉悦，还唤起了他们对音乐更大的兴趣和更强烈的喜爱。

　　3~6岁这个阶段是开发孩子音乐智能的黄金期，在这个阶段可以让孩子学习一些实际的音乐技能，比如钢琴、小提琴、扬琴、古筝、二胡等乐器的演奏。而学习乐器，由于需要手眼协调分工合作，所以对孩子的智能也是一个很好的训练。

 专家支招

　　音乐很抽象，它只是一组声音，转瞬即逝；但音乐又内涵丰富，想象空间无边无际。同一年龄的孩子，由于生活环境不同，对音乐的理解力也

有很大的差异。因此家长应为孩子创造一些条件，让孩子多听、多看、多感受，逐步培养孩子的音乐想象力。

1. 创造音乐环境

要根据孩子的年龄特点，给孩子创造多听、多看、多唱、多练的条件。如家长可以经常给孩子听音乐，让孩子跟着音乐唱和练，给孩子看电视中的文艺节目，带孩子观看文艺演出、听音乐会等，从而丰富孩子的音乐知识，发展音乐能力。

2. 多给孩子讲音乐故事

孩子听了故事，再听叙事曲，就很有兴趣，也能正确地听出各段的音乐主题。例如，让他们听《小白兔的故事》，他们能听出音乐中兔子的主题和灰狼的主题。慢慢地，孩子还能听音乐编故事，甚至听音乐做表演游戏。

3. 经常带孩子去观察、感受大自然

家长应经常带孩子去观察大海、太阳、蓝天、白云、春、夏、秋、冬、月亮、星星、雾、风、雨、雪花、冰、动物、花草……让孩子体会大自然的美景，培养音乐美感。

4. 让孩子参与音乐活动

让孩子直接参与表演活动，从中感知音乐的力度、速度、节奏、音色等。如让孩子用小乐器敲打出各种节奏音型，还可以让孩子做"小老师""小指挥"等，培养和发展孩子的音乐能力。

让孩子在玩玩具的过程中释放想象力

最近一段时间以来，妈妈发现璐璐非常喜欢玩荧光棒，于是周末就组织了一个以"神奇的荧光棒"为主题的家庭活动，参加者都是璐璐幼儿园的小朋友。活动内容是让小朋友们说出荧光棒可以当什么用，并当场表演荧光棒的用途。

璐璐说："可以当粉笔。粉笔这么长，老师就不用换粉笔了。"苗苗说："可以当面条。这么粗，爸爸吃一根就能饱了。"姐姐说："还可以当小树枝，就是冬天没有树叶的小树枝。"……小朋友们你一言，我一语，说得很热闹。璐璐的妈妈心想："现在的小朋友太聪明了，想象力真丰富，难怪女儿天天要玩玩具，他们很多想法都是我以前没有想到的。"

专家点评

玩具是孩子最亲密的伙伴，从早上睁开眼睛一直到晚上睡觉，孩子总是离不开玩具。孩子玩玩具，就像成人劳动一样重要，通过玩具，可以增强孩子的想象力，扩大孩子的眼界，同时也丰富孩子的知识。

3～6岁的孩子已经积累了很多知识，思维也有了较大的发展，需要孩子自己动手制作的可装可拆的玩具更能丰富他们的想象力。因此，橡皮泥、积木、七巧板、拼图、计算玩具、电子游戏机等就成了适合他们的玩具。家长还可以利用以前玩过的众多小玩具、物品来和孩子做游戏，"开办小诊所""游动物园"等游戏既能丰富孩子的想象，又能锻炼他们的组织能力。

生活中，孩子的玩具实在太多了，哪些玩具才能真正地激发孩子的创造力和想象力呢？

1. 积木

积木是一种经典的玩具，积木除了能帮助孩子掌握堆叠的技巧外，还能让孩子学习数学知识，建立空间意识。

2. 杯子

家长可以选择几个颜色不同、大小不一的塑料杯，让孩子在洗澡的时候，用一个杯子舀水倒进另一个杯子中。这看似简单的动作，其实已经让孩子学会了多和少的概念。

3. 乐器

孩子们很喜欢玩鼓、木琴、铃铛和沙球等会发出各种声音的小乐器，这会让孩子成为不知疲倦地探索声音的"小小音乐家"。

4. 蜡笔和纸

家长准备好各种颜色的蜡笔、马克笔、刻印用的垫子、纸张和胶棒等，然后铺上大张的报纸，让孩子运用颜色和线条创造他眼中的美好世界。

5. 彩泥、陶土

家长为孩子准备一些彩泥、陶土，以及擀泥用的玩具棍和塑料刀。让孩子在压平、切割并打磨这些泥疙瘩的过程中，充分发挥他的想象力，不断变出新花样。

6. 工具箱

家长准备一个小小的工具箱，或是医药箱，或是一个装满玩具、食物的野餐篮子，让孩子们在一起进行各种主题游戏。

7. "过家家"

家长找一个箱子，里面放入干净的小衣服、旧布头，以及丝巾、披风、眼罩、帽子等，这样当孩子玩"过家家"的游戏时，道具就应有尽有，他随时可以扮成一个新的角色。

第五章

—• 让孩子从小就学习理财 •—

养成理财习惯

如今，孩子手中的零花钱越来越多。父母们不妨

在日常生活中通过多种方式帮助孩子管理自己的日常支出，

这样既避免孩子花钱大手大脚，又能逐步培养孩子的理财

观念和理财习惯，提高孩子的自律意识。

教孩子理财，首先就要教孩子认识钱币

琪琪上幼儿园后，妈妈就开始让琪琪认识硬币和纸币了，让她能够区分钱的大小。去便利店时，妈妈会带着琪琪一起去。妈妈用一枚一元硬币买一瓶矿泉水的时候，会故意让琪琪看到。等到下一次一起去便利店时，妈妈拿三枚一元的硬币买一瓶饮料时，也会特意让琪琪知道花了多少钱。有时候去超市，妈妈会让琪琪学着辨认常买物品的标签价格。买玩具的时候也尽量带琪琪一起去，让琪琪知道玩具也是拿钱买回来的。

 专家点评

生活中，孩子不可避免地会碰到钱，过年的压岁钱，大人们偶尔给的零花钱……儿童心理学研究表明，3岁之前的孩子，头脑里还没有形成金钱的功能意识，在他们眼里，钱和纽扣或者花花绿绿的纸张一样，只不过是一种玩具而已。

从3岁左右开始，孩子开始产生朦胧的金钱功能意识，他们或许已经知道这些东西叫作"钱"，并隐约地知道钱能给自己"换来"零食和玩具，甚至有时候会提出"妈妈，我要买"的要求。这个时候，家长就要开始有意识地教孩子认识钱了。

4岁左右，孩子的求知欲很强，能从1数到10，甚至到20，能认出1角钱、5角钱和1元钱硬币，但是对钱的兴趣不大。

5岁，孩子能写出1～10的数字，但有些数字会写倒或写反，能对5以下的数字进行正确的加减计算；能叫出1角、5角、1元硬币的名称，但对钱的兴趣依然不大，只是认为它能买到想要的东西，不过在买东西时会先拿着硬币仔细看一会儿；存钱是什么孩子并不知道。

6岁，孩子的算术又有长进，甚至能数到100，能进行10以内的加减计算；不仅能叫出1元以下硬币的名称，还知道1元等于几个5角或几个1角。

因此，3～6的孩子对家长所谈论的钱有了意识，这时候就该教会孩子认识钱币。让孩子尝试简单的交易，比如让孩子独自购买一些小物品。

教孩子理财，首先就要教孩子认识钱币，这是教孩子学理财的第一步，也是很重要的一步，因为孩子最初对金钱的记忆最为深刻。

但是，受传统观念的影响，有一部分家长不想让孩子过早地接触金钱，可即便父母严格控制，孩子也不可能接触不到金钱。与其害怕孩子受到金钱方面不良的影响，不如尽早教孩子认识钱币，让孩子正确地运用金钱，这才是唯一的正确途径。父母可以从以下两方面入手，带孩子走进钱币的世界：

1. 教孩子认识各种钱币的面值

孩子认识了钱币上的数字，就会知道钱币的大小，所以父母应教孩子认识钱币上的大小写数字，并要让孩子理解元、角、分的概念与换算。

2. 给孩子讲解不同面值钱币上的图案

无论是纸币还是硬币，背面都会有不同的图案，父母要给孩子讲解不同面值钱币上的图案。除此之外，父母还要让孩子认识钱币上的国徽，以培养孩子的爱国情怀。

让孩子明白"钱是靠劳动挣来的"

三岁的甜甜刚上幼儿园，看到爸爸每天下班都很晚，于是问妈妈："爸爸为什么老是这么晚回来啊？"妈妈告诉她："爸爸要工作，要赚钱。"甜甜就会问："爸爸赚钱干什么呀？"妈妈告诉她："爸爸赚了钱，可以买东西，可以给甜甜买好看的衣服穿，买好吃的东西吃。"甜甜有些似懂非懂。

等到甜甜上幼儿园中班的时候，妈妈就有意带她一起到园长办公室，让甜甜看着妈妈把学费交给园长。妈妈告诉甜甜，这些钱交给园长，幼儿园的老师就有了工资，幼儿园的小朋友就可以有玩具玩、有画笔用，这笔钱还可以被幼儿园用来修建小朋友们最喜欢的玩耍小场所。

妈妈让甜甜知道，必须交了钱才能上幼儿园。同时，妈妈还告诉她，这些钱是爸爸妈妈每天辛苦工作赚来的。努力学习的小朋友才能有大本领，才能找到好工作挣更多钱。

甜甜听着妈妈的话，歪着脑袋，眼睛一眨一眨的，似乎明白了妈妈说的话。妈妈和园长都会心地笑了。

　　对于幼儿园阶段的孩了来说，"钱从哪里来"这个问题还比较陌生。有的说，钱是银行给的；有的说，钱是从父母的兜里掏出来的；只有少数孩子说，钱是劳动换来的。

　　现在，大部分孩子都生活得比较优越，他们很难回答出"钱从哪里来"这个问题。因此，对于这个年龄段的孩子，父母应试着说明钱是从哪里来的：钱不是谁发给谁的，而是父母通过劳动换来的。

　　对这个道理，不光要说，还要让孩子理解。如孩子早上不愿起床或缠着大人不让离开时，家长可以说："爸爸妈妈不上班，工作完不成，就没有工资了，没有工资就没有钱，就不能买吃的，不能买玩具了。"虽然孩子不一定完全理解其中的道理，但是他能逐渐意识到上班与得到钱有关系，知道工作是必不可少的。

　　家长可以随时利用日常生活中的机会，向孩子传达"人们需要劳动，劳动才能换来钱"的道理。当家长带着孩子上街时，可以告诉他很多人都是在工作，如交通警察、清洁工人、停车处的管理员、超市里的售货员……家长可以趁机告诉孩子，这些人都是在工作，因此才会挣到钱，不工作的人是挣不到钱的，所以他长大后要自己工作挣钱。

　　在美国，每年四月的第四个星期四为"带子女上班日"，这一天的意义是让孩子亲自体会父母工作的含义，从而真正了解"钱是靠工作挣来的"。在条件允许的情况下，家长不妨带孩子参观一下自己的工作场所，了解父母平时是如何辛苦工作的，体会父母生活和工作的不易，孩子就会对"父母""工作""钱""自己"的关系形成一个全新的、合理的认识，这对培养孩子勤俭节约，珍惜和尊重劳动成果，理解和孝敬父母的好品质是很有利的。

现在的很多孩子都是"小小购物狂"，经常向父母提出各种各样的物质要求，一进商店就缠着爸爸妈妈要这要那，每一次一定要买到零食或者得到新的玩具。在孩子看来，这只不过是把钱从妈妈手里转移到售货员阿姨手里而已。

因此，家长可以通过下面的方法告诉孩子钱到底是从哪里来的，让孩子有珍惜金钱的意识，并懂得体谅父母的辛苦。

（1）通过延迟满足孩子要求的方式，让孩子在等待和渴望中体会到父母挣钱的不容易。

（2）父母要让孩子知道，每一分钱都来之不易，所以要养成爱惜金钱、节约金钱、合理使用金钱的好习惯。

孩子做家务，勿用金钱当奖励

　　最近，刘女士遇到了一件让自己烦心的事情，为了让自己6岁的儿子主动干家务，刘女士就用金钱奖励的方式来刺激儿子做家务：刷一只碗给1元，刷一口锅给3元，擦餐桌、扫地每次给1元……每次做家务，刘女士都给儿子一次赚外快的机会。让刘女士苦恼的是，虽然儿子干活了，但是每次干活都要跟她谈条件，有时甚至"要求涨价"。"现在不给他一些奖励，他就没有干家务的动力。"刘女士说，"我一开始就不应该用钱来奖励他干活，现在意识到这样的教育方式不对。"她现在认为，用金钱奖励孩子会让孩子过早"世俗"，不利于孩子树立良好的金钱观。

　　"刷碗一次奖励1元，自己穿衣服奖励1元，帮妈妈倒垃圾奖励1元……"是不是很多家庭都会用这种金钱激励法？培养孩子的动手能

力是家长的必修课，切忌用金钱"收买"，如果你的孩子在家做点小事都要用金钱去诱惑，就会让他潜意识里形成一个不好的理念：他在家做的每一件事，父母都必须给予相应的报酬，否则他就不干。

家长用物质去奖励孩子做事，相当于引导孩子把他们的行为和金钱联系起来，而不是和他们自身的愿望相联系。长久以往，孩子们的自觉度就会渐渐下降，对活动本身失去兴趣。一旦外部动机不强，比如给的钱无法满足他们的需求，他们就会终止这项活动。

洗碗、拖地本是孩子应该做的事情，尤其是自己叠被子、打扫自己的房间、学习，这些都是孩子有义务去完成的事情。当孩子完成了这些，父母不应给予孩子金钱奖励。很多家长都倾向于用奖励零用钱的方式来督促孩子学习，这是极不可取的。长此以往，家长很难培养出一个主动学习的孩子。

所以，为了鼓励孩子参与家务劳动、努力学习，可以有更多其他的方法，物质奖励并不是一种有效的方式。为了让孩子正确认识金钱，了解金钱的来之不易，家长要注意以下几点：

1. 金钱奖励要恰当

任何奖励都只是手段而不是目的，是对孩子个体行为在某种程度上的肯定，要用得适当、用得合理。平常，有些家长给孩子的奖励太多了，从生活到学习，不停地给予金钱奖励，让孩子觉得自己努力只是为了奖励，这样其实对培养孩子的学习兴趣与习惯很不利。

2. 多给孩子精神奖励

精神鼓励是一种满足心理需要的奖励，比如称赞、表扬、鼓励、关注等可以令孩子更加自信，感受父母温暖的言语和赞赏的眼神，从而加倍努力。精神奖励的持久性比较长，所以家长应该采取以精神奖励为主的奖励方式。

3. 延迟奖励时间

当孩子应该得到奖励时，不要立即兑现，而要延迟几天或几周再兑现奖励。其好处在于，一方面能调动孩子的积极性，另一方面能让孩子知道进步不仅是为了奖励，还是为了满足自己的需要。

给孩子买一个储蓄罐，培养存钱好习惯

在当代社会，教给孩子一定的科学理财方法是每位父母义不容辞的责任。孩子的金钱意识要从小培养，让孩子拥有对金钱的正确态度和合理计划对孩子一生都极有帮助。

今年"六一"儿童节这天，妈妈送给玲玲一个颜色鲜艳、造型新颖的储蓄罐。玲玲越看越喜欢，对妈妈说："有了这个储蓄罐，我要把零钱省下来放进去，等装满了，买一件有用的东西。"

玲玲妈妈每周只给玲玲10元零花钱。玲玲不够用，妈妈也不补足；玲玲用剩了，自己就放进储蓄罐里攒着。这样，玲玲体会到：钱不能乱花，得省着点；什么钱该花，什么钱不该花，得考虑清楚，要把钱花在刀刃上，要动脑筋少花钱多办事。

有时候，当玲玲看见自己非常喜欢而价格较昂贵的玩具时，她不得不克制自己一时的冲动，努力攒钱，耐心等待。这样，玲玲渐渐掌握了许多用钱的技巧，同时也养成了良好的存钱习惯。

"孩子这么小，有必要让他们这么早就接触理财吗？"很多家长都会发出这样的疑问。理财专家表示，儿童时期是孩子价值观、金钱观形成的重要阶段，在这段时期，体验式的理财教育将有助于孩子养成正确的金钱观，掌握科学的理财方式，这将使他们终身受益。

一般来说，现在的孩子手中都有一定的零花钱，对于这部分收入，很多孩子并不知道应该如何科学、合理、妥善地支配，只有少数孩子头脑中有存钱的概念。因此，帮助孩子管理好压岁钱，培养孩子的储蓄习惯就成为家长义不容辞的责任。

"理财要从娃娃抓起"，习惯不论好坏，很多都是小时候养成的，而且难以戒除。鼓励孩子养成储蓄好习惯，从零花钱到压岁钱，一步步教会孩子合理储蓄、聪明消费，引导鼓励孩子自己做有关储蓄的决定，孩子慢慢养成的对生活负责的好习惯会让他受用一生。

专家支招

养成储蓄的良好习惯是培养孩子正确的金钱观和节俭品质的好办法。那么，如何培养孩子的储蓄习惯呢？

1. 让孩子了解储蓄的重要性

要让孩子养成储蓄的习惯，首先要告诉孩子储蓄的重要性。储蓄可以算得上是一份保险，能够帮助解决生活中的意外状况。尤其是在意外或紧急的情况下，比如遭到了重大损失，积蓄就会发挥很大的作用。

2. 为孩子买一个储蓄罐

家长可以在孩子的重要日子（如生日）中，一起去挑选孩子喜欢的储蓄罐，当作礼物送给孩子，让孩子更重视自己选择的礼物。孩子刚刚开始储蓄，因为自制力不够，需要父母经常去督促他们，让他们只要有零用钱就放进储蓄罐中。时间久了，孩子的存钱习惯就会养成。

3. 和孩子一起决定应该存多少钱

可以根据孩子平常的花销，计算出每天可以节省多少钱，将这些钱存起来。也可以根据孩子要买东西的价格，决定出每天应存多少钱。

4. 帮孩子开设银行账户

为了让孩子更好地学习理财，养成储蓄的习惯，父母可以给孩子在银行开设账户。这样一来，孩子过年收到的压岁钱和平时闲置的零花钱，都可以存到这个账户里，有助于孩子养成储蓄的习惯。

5. 让孩子知道存钱的途径

在日常生活中，父母要经常告诉孩子一些必要的储蓄知识，让孩子知道不只可以去银行存钱，还可以到一些非金融机构去存钱，如保险公司等。

此外，还可以买理财产品，购买黄金、股票、基金，这些都是存钱的途径，但是这些都是有风险性的，孩子小不懂得如何去操作，只要让孩子知道就行，多学习一点理财方面的知识。

定期给孩子零花钱，教会孩子花好手里的每一分钱

　　朵朵正在上幼儿园大班，妈妈每次带朵朵到超市购物时，朵朵从来不看价格，只要是自己想吃的、想玩的，统统扔进购物车里，妈妈讲了很多遍都无济于事。

　　有一次，朵朵想吃冰激凌，妈妈没时间陪朵朵下楼去买，就给了朵朵5块钱，让朵朵自己去小卖部，并说剩下的钱可以归她。没想到，朵朵居然啥也没买就回来了。妈妈很纳闷地问："为什么不买冰激凌？"朵朵一本正经地回答："这个钱是我的，花了就没有了！"

　　妈妈茅塞顿开，她立即到银行给朵朵开了一个账户，并给了她一张银行卡，每个月定期、定量地给朵朵的账上存零花钱。把卡交到朵朵手里的时候，妈妈郑重地说："朵朵，以后你想买什么都要靠卡里面的钱来支付。如果超了，只能自己想办法；如果剩了，钱就属于你！"

　　这一招很灵，当朵朵意识到钱是自己的时，花的时候就会有一点心痛，有一点舍不得，不会再像花父母的钱那样随心所欲了！

从那以后，朵朵一改无节制购物的坏习惯。每次买东西前都精打细算，有时喜欢的东西比较多，一下子决定不了到底买哪些，她还会列一张清单，把想买的物品写上去，逐一排除。对于价格比较贵的东西，她也能延迟满足，忍住很长时间不花钱，等攒够了再去实现自己的愿望。

 **专家点评**

什么是孩子的零花钱？就是家长给孩子的可以随便支配的钱。虽然金额一般不会很多，但是孩子们都很喜欢拿到零花钱，因为这样他们可以买自己想买的东西，比如漫画、糖果、小玩具等。

一般来说，当孩子长到五六岁时，已经能看懂、区分钱币的面值，能进行简单的加减计算，有时候需要买一些小物品，已经懂得钱币与购物之间的关系了。这时，就是孩子应该有零花钱的时候了。

在花钱上，孩子不缺吃、喝、穿，无非就是买点零食、玩具之类的东西。

当孩子买来东西时，父母应该和孩子交流一下感受，问问他们是否满意，再帮他们分析一下这次消费是否合理、必要，让孩子自己总结经验教训。时间长了，孩子自然会练就货比三家的本领，挑选出物美价廉的商品。

同时，父母应教孩子学会预算。控制好单次消费的最高限额，超过限额要征求父母同意；消费必须是正当的，如果把钱花在不允许的地方，父母就要减少或者暂停零花钱。

此外，父母还要鼓励孩子记账。记账对于养成良好的理财习惯很有帮助，同时便于父母了解孩子的消费情况。

要让孩子学会花钱，就要在生活中给孩子实际花钱的机会。家长主动、定期、定量地给孩子零花钱，孩子就被赋予了掌管钱财的权利，他们会特别珍惜来之不易的钱财和权利，有计划地花钱，形成正确的金钱观。

现在很多孩子都是家里的独生子女，父母对孩子各种溺爱，想要给孩子最好的，给孩子零花钱也是出手大方，这非常不利于对孩子理财好习惯的培养。因此，家长们要在适度、适量的前提下，教会孩子如何正确地花好手里的每一分钱。特别是在给零花钱时，家长们要注意以下几点：

1. 定期、定量地给孩子零花钱

3～6岁处于成长期的孩子，还没有很好的自控能力。因此，家长应定期、定量地提供零花钱。首先要定期给，避免孩子养成乱花钱的毛病。在定期给的过程中，着重给予孩子自行支配的权利，如有节余，让孩子自主处理，培养孩子的理财能力。其次要定量给，一次不要给太多的零花钱，控制在基本够花的数量为宜，这样可让孩子从小养成勤俭节约的好习惯。

2. 教孩子养成储蓄的习惯

家长应教会孩子储蓄，给孩子准备个储蓄罐，教会他积累零用钱；过年时孩子的压岁钱父母可以帮助孩子存到银行里，需要用时再取出来。鼓励孩子多储蓄，养成储蓄的好习惯。

3. 不要把零用钱当成奖罚形式

很多家长习惯于把零花钱当成交换条件，让孩子在金钱驱使下做很多本来就该做的事。比如，按时做完作业给2元，吃饭不挑食给1元，按时起床给1元，考出好成绩给50元……这些都是不对的。

购物前列清单，引导孩子树立正确的消费观

"80后"妈妈孙女士，在一家公司做理财顾问。因此，在孩子3岁左右时，她就帮助孩子树立正确的消费观，培养孩子的"财商"。

每次去超市购物之前，孙女士都会和孩子一起列购物清单。到了超市后，她会和孩子按照所列清单选择商品。每买完一件商品，便将这件商品从购物清单中划掉。

在和孩子一起列购物清单时，孙女士想方设法让孩子明白"想要"和"需要"的差异。在孩子5岁的时候，他大致明白了米、肉、蔬菜和水果、奶粉、洗发水等都属于生活必需品，而玩具、零食、红酒和饮料则属于非必需品。所以每次列清单时，孩子都会主动提出，先买必需品，如果有多余的钱，再买别的。

这样，孩子明白了"想要"和"需要"的区别，在购物时应该优先购买必需品，再购买非必需品。另外，既然是非必需品，如果预算不够，便可以不买。

此外，除了让孩子懂得必需品和非必需品的区别，还得让孩子懂得计划用钱、克制消费。大多数孩子都喜欢吃零食和玩玩具，孙女士要求在购物前和孩子"约法三章"。临行前先明确告知孩子"我们今天就买一件玩具或者一袋零食，你可以自己挑选"。到了超市后，一定要坚持原则，让孩子做出取舍。因为生活中的物质诱惑很多，必须从小学会计划用钱、克制消费。

年幼的孩子，抵制诱惑的能力比较弱，所以很容易出现冲动消费和过度消费。因此，家长应让孩子从小树立正确的消费观念。

孩子消费花钱，多点自主性，能更好地培养他的独立思考能力。可孩子还小，判断能力还较弱，家长还是要做好参谋工作，引导孩子合理、理性地消费，把钱花在刀刃上。

在带孩子购物的过程当中，让孩子学会"货比三家，精明消费"。首先应该让孩子在程序上明白比价的重要性。在超市购物时，应该提醒孩子留心所购商品的价格，买东西前先询问价钱。另外，看到喜欢的东西不必急于购买，对于花钱比较多的商品尤其要多转转、多看看，然后再决定是不是买、买哪家的。

除了要比价格，还要比品质。消耗性的小物品，名牌商品和普通商品没有什么区别，如铅笔、作业本、文具盒等可以到小市场去买。入口的食品，则应该到正规的商店或者超市购买，以保证饮食安全。另外，在购买物品，尤其是食品时，一定要让孩子学会留意保质期。

如今社会发展迅速，商品信息多，不仅大人需要有良好的消费习惯，孩子正处于发展期，对许多商品的分辨力不够，自制力更是有限，就更需要有良好的消费习惯了。这样既减轻了家长的经济负担，又保障了孩子的健康成长。那么，到底应该如何培养孩子良好的消费习惯呢？

1. 家长以身作则，勤俭持家

在培养孩子的消费观时，家长一定要以身作则。在孩子的衣食住行方面，家长要引导孩子形成"金钱来之不易"的观念，对孩子攀比、花钱大手大脚的习惯应坚决纠正，让孩子从小学会合理消费和理性消费。

2. 让孩子了解家庭财务的基本情况

让孩子了解家庭的财务情况，如家庭的收支状况，有助于孩子正确理解父母平时在金钱上的难处和在消费上对他们的限制，让孩子树立良好的理财观念和适度消费的理念。

3. 教孩子树立预算意识，让孩子有节制地花钱

在逛超市时，孩子们很容易喜欢上某一样玩具或零食，想要把它买回家。这时候，要告诉孩子，购物清单里没有这一项，买了这一样就不能买另一样了，否则会超出预算。

4. 教孩子树立购物前列清单的意识

理财师建议，购物前一定要按照自己真正的需求列购物清单，并在购物时严格按照清单进行购物。列清单可以培养孩子做事的条理性。让孩子列好清单再去超市购物，能培养孩子做事有条理的好习惯。

5. 对于孩子不适当的消费要求，家长应坚决拒绝

家长不应该不顾家庭的经济情况去满足孩子的各种消费需求。对于条件允许的家庭，可以让孩子自己管理自己的钱，培养孩子有计划地花钱和储蓄的观念。教会孩子简单的储蓄方法，有助于培养孩子的消费责任。

第六章
━━● 为孩子搭建友谊的桥梁 ●━━
提高孩子的社交能力

每一位父母都希望自己的孩子有良好的人际关系，

能与其他人和睦相处，而这需要孩子有良好的社交能力。

可以说，社交能力是孩子走向社会的必备能力，

因此，父母应当注重培养孩子的社交能力。

让孩子适应幼儿园的集体生活

　　嘟嘟已经3岁多了，一直由奶奶看护，从来没有离家的体验。她在家吃饭很挑剔，喜欢边吃边玩。9月份，嘟嘟要进幼儿园了，妈妈非常担心她情绪不稳定、吃饭不习惯。

　　入园第一天，嘟嘟显得很高兴，一到幼儿园门口就和妈妈说"再见"。中午奶奶怕嘟嘟不习惯，就悄悄到幼儿园围墙外探望，结果发现嘟嘟没有哭，和小朋友玩得挺开心的。中午幼儿园吃饺子，她虽然自己吃，但速度很慢，只吃馅不吃皮，连老师喂她也不吃。

　　下午放学后，奶奶去接她，嘟嘟蹦蹦跳跳地走回家。一天没有看见家人，回家后她连吃饭也不让奶奶吃，要奶奶陪她玩。临睡前，奶奶问她明天还去不去幼儿园，她说还去，要找老师和小朋友玩。

　　没想到，第二天早上，嘟嘟却哭着不愿再去幼儿园了。最后，奶奶只得硬下心来抱她出门。一路上嘟嘟都不高兴，到了幼儿园，还是哭着被老师接进去的。不过，进了幼儿园，嘟嘟的情绪好转了，中午吃饭的表现也比第一天要好，还主动与其他小朋友打招呼，和他们一起玩游戏……

专家点评

　　当孩子到了一定的年龄，父母就会选择将他送入幼儿园，这个时候大多数孩子都会哭闹而不愿意去幼儿园，这往往让父母们感到头痛不已。其实，孩子初次进幼儿园产生抵触心理是很正常的事情。孩子上幼儿园习惯不习惯，他喜欢不喜欢幼儿园，最关键的就在于家长有没有让孩子做好充分的心理准备。

　　2~3岁的孩子特别渴望与同伴交往，不愿一个人在家玩耍，这说明孩子已经从个体活动发展到需要有交往的集体生活了。对孩子来说，从家庭到幼儿园，生活环境发生了巨大的变化。

　　孩子还小，面对陌生的环境会感到不安，哭闹也是正常现象。让孩子在幼儿园的环境中成长是让他们接触社会并融入其中的开始，多与同龄人接触也有助于他们自身性格的完善。

上幼儿园可提高孩子的社交能力。心理学家研究发现，在小学里人缘最好的学生，往往是那些上过正规幼儿园的孩子。他们不仅朋友多，而且社交能力也更强。

因此，孩子刚去幼儿园时可能不适应，但这种不适感很快就会消失，家长不必过于担心。可是有些家长因为心软，送孩子去幼儿园总是断断续续的，使得孩子长期无法适应集体生活。

对孩子来说，进入幼儿园是他成长旅程中的一次飞跃。但最初的两周，无论是对父母还是对孩子，都将是一场艰巨的考验。怎样使孩子尽快适应这种新环境，融入幼儿园的集体生活呢？

1. 做好准备，逐步过渡

在孩子入园前，家长就要有意识地帮助孩子逐步做好心理上、生活上和能力上的准备工作，比如：带孩子去参观幼儿园的环境，用积极的语言介绍幼儿园的生活；逐渐改变宝宝不良的生活习惯，形成良好的作息规律；注意自理能力和独立生活能力的培养，让孩子尽可能地与更多人接触，多和同龄人玩耍。

2. 消除孩子的陌生感，为孩子找个小伙伴

每天让孩子和邻居家年龄相近的孩子多相处，以建立良好的人际关系与社会关系，将来上幼儿园时，孩子可以和自己的同伴一起上学，如此才不会感到孤独与无伴。

3. 带孩子到附近的幼儿园参观一下

带孩子在幼儿园的户外场地玩耍，告诉孩子，这将是他要去的幼儿园，这里一切都很好，有很多玩具，还有很多小朋友。这样可以缓解孩子对陌生环境的焦虑感，如果他对一切都熟悉，就不会太焦虑，也更容易融入幼儿园生活。

4. 让孩子和熟悉的小朋友一起玩，尽快适应集体生活

新入园的孩子往往孤单、害怕、不合群，老师可以找来熟悉的小朋友，或者让大班的小朋友和他们一起玩，让他们一起唱歌、跳舞、做游戏，来分散他们的注意力，激发他们对园里各种活动的兴趣。

礼貌待人，孩子一生受用的社交品质

周末，琦琦在家里翻看自己的图画书，这时客人来家里玩，妈妈对琦琦说："琦琦，快叫叔叔阿姨。"琦琦继续看着图画书，头都没抬一下。妈妈以为琦琦看书太入神了，又叫了一声。这时琦琦漠然地看了客人一眼，拿着书扭头就回房间。

妈妈和客人都感到很尴尬。家里来了客人，孩子却这么没有礼貌，真让妈妈觉得脸上无光。

 专家点评

礼貌，是一种文明行为，也反映一个人的道德面貌。从小培养讲礼貌的习惯对孩子很重要。3~6岁的孩子处于人生的初级阶段，从小对他们进行礼貌教育是父母应尽的义务和责任。教育孩子应尊重长辈、友爱同伴，见人主动问早、问好，在接受他人帮助或需要他人帮助时，要有礼貌地说

"谢谢你""请您帮帮忙"等。

　　每个人都是处于社会关系中的人，与他人共处是最基本的人生技能。所以，别再说孩子还小，基本的礼貌、礼仪，应该从娃娃抓起。当然，学会礼貌是一个潜移默化的过程，而不是一蹴而就的。

　　父母要教会孩子必需的文明礼貌常识。其中，主要包含文明礼貌用语和文明的有素质的行为。在语言这部分，要求孩子说话文雅、有礼貌，不说粗话、脏话。常用礼貌用语有："请""您好""早上好""谢谢""对不起""没关系""再见""晚安"等。

　　文明行为方面，要求孩子见面要打招呼，举止大方得体，行为不鲁莽，待人热情，乘车主动给老、弱、病、残、幼、孕妇让座，排队讲顺序，遵守社会公德。

　　父母要善于使用正确的教育方法。第一，要把握教育时机。最好是发现情况及时肯定、表扬或批评、指正，但不要在大庭广众之下直接批评孩子。第二，父母要以正面教育为主，批评为辅，不要责骂孩子。

专家支招

　　学龄前儿童对于世事还处于懵懂的状态，很多时候都仅仅是模仿，这个时候是进行各种教育的最佳时机，尤其是礼貌教育。那么，如何让我们的孩子变得有礼貌呢？

　　1. 父母要为孩子树立榜样

　　孩子有没有礼貌不是天生的，而是后天培养出来的。培养孩子懂礼貌，应从父母自身做起。因为孩子的礼貌语言、礼貌行为都是来自对成人的模仿。父母是孩子的第一任老师，一言一行、一举一动，都在无形中感染和熏陶着孩子。在耳濡目染的环境中，孩子会逐步懂得礼貌待人。

2. 教会孩子待客之道

生活中，有些父母为了不让孩子打扰来访的客人，一般都会把孩子打发到一边，让他自己去玩，但是这样可能会影响孩子的社交能力，伤害孩子幼小的自尊心。久而久之，家里一来客人，他就会自动躲到旁边去。

因此，父母要试着让孩子学会以主人身份招待客人，注重礼貌待客。在客人进门的时候，可以跟他们打声招呼，如果有其他孩子一起来，也要懂得打招呼；提醒孩子主动拿出自己的零食、玩具和小朋友一起分享；客人离开时要说"再见"，并欢迎客人再来。

3. 及时表扬孩子的礼貌行为

尽可能鼓励孩子偶然的礼貌行为，在表扬孩子的时候，具体说明表扬他的原因。同时家长的表扬要具体明确，如："你刚才要糖吃的时候说了'请'，真是个好孩子！"这样孩子才知道自己表现得好能会得到你的肯定和鼓励，应该坚持下去。

鼓励孩子大胆说话，锻炼孩子的自信心

笑笑是个内向、不爱说话、不爱表现的孩子。虽然她已经上幼儿园大班了，但平时她总是一个人坐在那里，上课时静静地听，下课后安静地玩。

其实她的小脑袋里装着许多学问，只是她不爱说话，从不愿意表露出来。所以在上课时，老师经常鼓励她："笑笑的声音可好听了，来，让她给我们说一说。""笑笑可聪明了，她的想法肯定跟别人不一样。"

无论在课堂上，还是在课后做游戏、玩玩具时，老师经常给她多一点鼓励，多一点表现的机会，让她能像其他孩子一样大胆地表达自己的想法，大胆地说出自己的心里话。

一个月过去了，笑笑慢慢地愿意开口说话了，像其他小朋友那样想说什么就说什么。笑笑的性格变得外向，与老师、小朋友见面爱打招呼，与爸爸妈妈的关系也变得越来越融洽了。

儿童时期是一生中掌握语言最迅速的时期，也是最关键的时期。如今的孩子绝大多数是独生子女，在家胆子大，在人多的场合紧张、胆怯、不敢说话，感到孤独、自卑、焦虑，压抑自己的情绪，不敢问问题、寻求帮助，遇到困难容易放弃。

学龄前阶段正处于学习使用语言的最佳期，《幼儿园教育指导纲要》中指出："语言能力是在运用的过程中发展起来的，发展幼儿语言的关键是创设一个能使他们想说、敢说、喜欢说、有机会说并能得到积极应答的环境。"这就需要教师营造一个语言环境，多利用日常谈话、同伴交流、制造机会等方式，激发孩子说话的兴趣，使他们乐意运用语言进行交往，帮助孩子积累运用语言的经验，使每个孩子都能大胆地说、自如地说。

除了老师要鼓励孩子大胆说话外，父母也要让孩子多说话，应多与孩子谈些感兴趣的问题。这样，孩子才会充分发挥语言天赋，并和父母密切合作、相互沟通，久而久之，孩子有话就会对父母讲，表达能力在无形中也就得到了提高。

专家支招

由此可见，从小培养孩子大胆说话是十分必要的。那么，如何让孩子大胆说话呢？

1. 给孩子说话的权利

家里来客人时要让他礼貌地问客人好，教给他作为主人，如何照顾好来做客的小朋友。孩子都有在人前表现自己的欲望，那就给他机会让他去自由发挥，但家长千万不要有显摆的想法。

2. 要尊重孩子所表达的意愿

如果孩子每说一句话，都遭到大人的斥责及否定，那么孩子心里就会留下阴影。他知道了说话会挨骂，就会选择不说话。

3. 要尽可能回答孩子的问题

当孩子提出问题时，父母就算很忙，也应抽出时间回答孩子的问题。

4. 父母要有耐心

当孩子说话紧张、结巴时，父母应告诉孩子："别着急，慢慢来。你想说什么？"等孩子说完后，再告诉孩子正确的表达方法，用什么词去表达。这样，慢慢地父母就会发现孩子突然什么话都会说了。

5. 培养孩子的自信心

在鼓励孩子大胆说话的同时，也要培养孩子的自信心及独立意识。孩子自信了自然胆大，与人沟通的能力就强，也就乐于和更多的人交流。

帮助孩子学会主动与人交往

一天，涛涛刚回家，便把自己关进小屋，气得连饭也不吃一口。妈妈敲开房门，询问涛涛在幼儿园里到底发生了些什么。原来，涛涛的一个好朋友和他闹了别扭。

晚饭后，涛涛的情绪渐渐平缓。妈妈抓住这个机会，开导他说："涛涛，那个小朋友做得不对，我也很气愤。"

涛涛点点头。

"但是，"妈妈话锋一转，"那个小朋友犯了错，我们不可能记恨他一辈子，你说对不对？"

涛涛不吱声。

"涛涛，你是个男子汉，应该有大海一样博大的胸怀。你可以主动谅解那个小朋友，跟他打招呼，你说对不对？"

涛涛低头不语，若有所思。

第二天下午放学，妈妈问涛涛有没有跟那个小朋友说话。结果不出妈妈所料，涛涛摇了摇头。

"为什么？"妈妈问。

涛涛向妈妈倒出了心中的苦水："那天是他不对，我不想与他做朋友了。"

妈妈思忖片刻，耐心地对涛涛说："那个小朋友可能已经认识到自己的错误，只是不好意思先开口跟你打招呼而已。"

涛涛点点头。

妈妈又问："如果你主动与他打招呼，就显出你很有诚意。他会后悔自己做错了，以后再也不与你闹矛盾了。"

涛涛想了想，点点头。

第三天下午放学，涛涛回到家，身后还跟着一个人——那位小朋友来家里做客。现在，他们又成了一对好朋友。

专家点评

孩子的成长过程中需要和同龄人玩耍，需要与同伴交往。孩子正常和同伴交往，会从矛盾和冲突中学会互相理解、沟通，学会关爱他人和与他人合作。

对于交往能力不太强的孩子，家长千万不能指责，因为指责和埋怨对孩子的社会交往不会有丝毫帮助，反而会加重孩子的心理负担，增加孩子与人交往时的自卑感，增大他的社交阻力。家长正确的做法是多多鼓励孩子走出家门广交朋友，主动接近他人，自己去处理一些能够解决的事情。

另外，家长应当适时抓住孩子在交往活动中的进步，比如孩子将好吃的零食主动拿去与朋友一起分享，主动向他人问好，与小伙伴一起玩耍时不再闹矛盾，家长应通过表扬和奖赏等方式来强化这些好的行为，这样可以有效地激励孩子更好地与人交往。

还有，家长平时要注意培养孩子宽阔的胸怀，教育他对他人的缺点要懂得宽容，积极引导和教育孩子去珍惜友谊。与别人相处，发生一些小摩擦和不愉快是在所难免的，家长应引导孩子积极主动地与人化解矛盾，化干戈为玉帛，重新搭建友谊的桥梁。

与人交往是我们每个人都需要的，在与不同的人交往的过程中我们会学到很多的知识、技能。家长应怎样教会孩子与周围的人交往呢？

1. 鼓励宝宝走出家门，多与同伴一起玩耍

当孩子提出想和同伴一起玩耍时，家长不要一味地制止，而要给予支持，这样可以培养孩子的交际能力。

2. 不要时刻陪伴在孩子身边

很多父母担心自己的孩子在同伴中吃亏、受欺负，总是守在孩子身边。父母应适时地给孩子自由和独立的空间，以培养孩子的独立性。

3. 克服孩子社交中的害羞心理

害羞心理，是孩子与他人良好交往的一个巨大障碍。家长应想办法克服孩子在交往过程中的害羞心理，比如增加孩子的交往机会，经常带孩子去亲戚朋友家做客，经常安排孩子与其他小朋友一起进行游戏，等等；增强孩子的交往自信，帮孩子寻找自己的特长和优点，给孩子提供更多的表现自我的机会；给孩子更多的鼓励，孩子哪怕有小小的进步，都要予以及时的表扬和鼓励。

4. 教会孩子一些社交技能

孩子毕竟是孩子，他们在与他人交往时难免会出现一些消极行为，比如：当别人与孩子打招呼时，孩子可能不予理睬；到了一个陌生的环境，孩子也许会沉默寡言；带孩子出门做客，孩子与朋友家的小朋友不欢而散；孩子们在一起玩游戏，结果互相攻击起来。这些都是由于孩子没有掌握有效的交流手段，缺乏社会交往经验。因此，当好孩子的交往参谋，教给孩子基本的交往技能是非常必要的。

让孩子学会分享

一位妈妈带着小女孩从超市出来后，在一个公园的长凳上坐下来休息。场地边有几个小朋友在一起玩耍，小女孩和他们一起玩了起来。玩了好长时间，小女孩玩累了，叫妈妈拿出刚才从超市买的冰激凌吃。这时，细心的妈妈注意到旁边的长凳上有一个刚和女儿玩耍的小男孩正用渴望的眼神看着女儿手中的冰激凌。于是，妈妈对女儿说："乖女儿，给这个小弟弟吃一个冰激凌好吗？"

"不，我要自己吃！"女儿显然很不乐意。妈妈耐心地对女儿说："好孩子，如果妈妈有事不在你身边，而这个小弟弟在吃冰激凌，你想不想吃呢？"

"想吃。"女儿毫不犹豫地回答。"这就对了，现在你拿一个冰激凌给这个小弟弟吃，等下次妈妈不在你身边时，小弟弟也会把好吃的分给你吃。"女儿看了看妈妈，又看了看小男孩，很友好地给了小男孩一个冰激凌。

大多数孩子都不愿意与他人分享自己的东西，却希望能分享他人的东西。尤其是对于3～6岁的孩子来说，他们正处于心理的发育时期，心智还不够完善。所以，父母应该了解孩子的这种心理特征，让孩子站在他人的角度去考虑，引导孩子与他人分享自己的东西。

对孩子而言，培养他的分享意识，实际上就是对他进行人格教育。因为如果孩子不会分享，就会变得自私自利，也就很难与他人友好相处，当然更谈不上团队合作了。

懂得分享是与他人友好相处的最基本的意识。孩子还小，家长应从小引导和培养孩子的这种意识。我们一提到分享，通常就是，"宝宝，你的玩具要和小朋友一起玩""好吃的要分给小朋友一起吃"。听到妈妈这么说，宝宝就会在心里想："哼，妈妈一点都不喜欢我！我就不给他。"这哪里是分享，分明是剥夺嘛！

这样的分享教育走入了误区，也是许多家长最普遍的做法。这是一种强迫式的分享，对孩子来说是一种伤害。

还有，大多数家长都会告诫哥哥姐姐将手里的物品让给弟弟妹妹，其实这是不公平的，孩子没法从这样的分享方式里获得分享的快乐，更学不到分享的技巧。

更有甚者，家长抢走孩子手里的玩具。当小朋友之间因为玩具而起争执的时候，千万不要抢走一个孩子的玩具交给另一个大声哭闹的孩子。这无异是在向孩子传达错误的观念：只要哭闹就可以达到目的，只要动手去抢就可以解决问题。

以上这些都是大多数家长在教孩子学会分享时所犯的错误。分享是人际交往中必不可少的美德，孩子不愿意和别的小朋友分享该怎么办呢？家长该如何正确地教育孩子树立分享意识呢？

1. 家长在孩子面前应树立乐于分享的形象

父母是孩子一生的榜样。比如夫妻也可以在孩子面前互相分享水果、零食，并告诉孩子"这就叫分享"。

2. 以温和的方式劝导孩子分享

粗暴地命令孩子分享或许会产生相反的效果，使孩子对分享产生心理阴影。可以以小零食或者孩子喜欢的东西为奖励，使孩子学会分享。

3. 在游戏中培养孩子的分享意识

可以随时玩玩"你能分我一颗糖吗"或者"你能借我玩一下你的玩具吗"之类的游戏。并设立奖惩，若孩子表现好，则可以奖励小零食；若表现不好，则有相应的惩罚。

4. 和孩子沟通

对于孩子始终不愿意分享的，不能一味地责罚，而是应该和孩子交流不愿意的原因，从而解开孩子的心结。比如，有的孩子曾分享玩具却没有被归还或玩具遭到损坏，所以才拒绝分享。父母应该与孩子进行沟通并对症下药。

孤僻、不合群，家长千万不可轻视

华华进入幼儿园已经3个多月了，但是迟迟不能适应。早上来园，总是用戒备的眼神看着同学和老师，虽然不哭也不闹，却总是一个人待在角落里，既不加入小朋友中间，对孩子们开展的游戏活动也不感兴趣。

看着华华瘦小的身体、难得有笑意的脸蛋，老师经常会心生怜意，主动和他拉近距离，逗他开心。可即使是善意的亲近，他也总是抗拒。华华不仅抗拒老师，也抗拒自己的小伙伴。除了喝牛奶、吃点心的时间，其他时候都不和大家在一起。每当闯了祸受老师批评时，他就更加沉闷、孤独，对别人不理不睬，让家长和老师对他的状况更加忧心。

 专家点评

如今，独生子女是家中众星捧月的对象，容易以自我为中心，进入集体生活中很难与他人交往，不能与他人友好相处，导致被孤立，缺乏人

际交往所必要的经验和能力。像这类孩子一旦参加集体活动或进入陌生环境，心理上就会产生一种距离感，还会产生不安全感和恐惧、焦虑心理，反映在行为上，表现为胆小、喜欢哭、孤僻、不合群。

在幼儿园不合群对孩子来说影响是深远的，这是孩子社交心理没有得到正确引导造成的。孩子不愿意参与社交活动，是孩子内心孤僻的一种表现，如果这种习惯不能及时纠正，那么孩子的这种孤僻心理就会越来越严重。

很多不合群的孩子对家长有强烈的依赖感，生活自主能力差，什么事情都要家长帮助。这时家长千万不能"有求必应"，总是代替他去把事情做好，使孩子把这种习惯带到幼儿园中，引起同伴的反感，造成孩子处境的孤独。

家长应该在日常生活中从小处着手，教导孩子"自己的事情自己做"，经常让他们干一些力所能及的事情，这样才利于孩子在适应社会的过程中，成长为一个身心健康的人。

在日常生活中，有些妈妈总会抱怨自家小孩胆子太小，比较怯弱、腼腆，不爱说话。和小朋友一起玩的时候比较孤僻、不合群，在幼儿园不敢举手回答问题，参加活动稍微不顺利就哭哭啼啼。想要让这些孩子变得胆大起来，家长应该从以下几个方面着手：

1. 多陪孩子，多和孩子玩耍说话

不要因为忙别的事就让孩子一个人待着，让孩子一个人看电视、一个人玩玩具，否则极易造成孩子孤僻。

2. 多带孩子去小朋友多的地方玩耍

带孩子去小朋友多的地方可以让孩子开阔眼界，尝试让孩子和其他小朋友多接触，让孩子试着打开自我封闭的内心世界。

3. 通过讲故事引导孩子积极地交朋友

给孩子讲一个关于小动物交到好朋友的故事，让孩子试着去交朋友，享受快乐！

4. 陪孩子和别的孩子一起玩耍

孩子面对陌生的小朋友，虽想一起玩，却因害怕而却步，如果家长拉着他把他慢慢带入和小朋友一起玩的环境里，会好很多。孩子融入玩乐的环境中后，家长可退出。

5. 不在别的表现好的孩子面前批评孩子

孩子虽小，但自尊心很强。如果在特别优秀的孩子面前对自己的孩子说"你看看人家多好，你再看看你"，会打击孩子，容易给孩子造成阴影。

第七章
── 良好的品德是孩子做人的根本 ──
培养孩子的品德修养

现在的父母普遍重视孩子学习能力的培养和智力的开发，

却忽视了品德教育。重智轻德的现象在家庭教育中非常普遍。

教育专家提醒广大父母，品德是孩子以后的立身之本，

是伴随孩子一生至关重要的人生准则。

孩子小时候所受的教育将会影响孩子一生的品格和修养。

所以，父母对孩子的品德教育需要从小抓起。

让孩子学会孝顺长辈

在一个周六，爸爸骑自行车带欢欢去公园玩。看完各种动物表演，欢欢十分兴奋。回家的路上行人稀少，欢欢对爸爸说："爸爸，让我载您一段怎么样？"爸爸说："你那么小，没那么大力气，能行吗？"欢欢说："爸爸，让我试试吧。"爸爸也就同意了。

于是，爸爸坐在车架上，怕儿子摔倒，便将双脚撑在地上。欢欢双手紧握车把，用力蹬动脚踏，车子歪歪扭扭地向前行了一百多米后，欢欢就有些体力不支了，额头上也渗出了汗珠。最后他喘着气停了下来，好奇地问爸爸："爸爸，您每天骑车带我去幼儿园也这么费力吗？"爸爸说："我虽然力气大些，不过每送你一次，我也挺累的，尤其是前边那个上坡，更费力气。"

到了星期一，爸爸照常骑着自行车送欢欢去幼儿园。骑到上坡时，坐在后边的欢欢忽然跳了下来，用手推着车。爸爸感到非常欣慰。

 专家点评

欢欢从自己骑车的经历中体会到爸爸每天送他去幼儿园的辛苦，于是，他在上坡路时跳下车，用手推车。虽然这只是一个小小的举动，但是反映了欢欢对爸爸的爱。因此，要培养孩子的孝心，不妨让孩子感受父母的辛苦，给孩子孝敬父母的机会。

如今，在不少家庭中，爱只是父母对子女的单向倾斜，而不能实现爱的双向交流，这种爱就是畸形的爱。只有把父母给孩子的爱转化为孩子对父母的爱，才是孝道之爱。

父母不妨把自己日常的工作向孩子说一下，或带孩子去上一两次班，让他知道你每天上班都做些什么事情，你的工作中有哪些困难。父母还应当有意识地经常把自己的收入情况告诉孩子，说得越具体越好，从而让孩子明白父母的钱来之不易。这样，孩子就会逐渐珍惜自己的生活，也会从心底里感激和敬重父母。

总之，应该让孩子看到、感受到父母的难处，而不应只让他听父母说"我很辛苦"。

对于3～6岁的孩子，教育孩子孝敬长辈，一般要求包括：听从父母教导，关心父母健康，分担父母忧虑，参与家务劳动，不给父母添乱。要把这些要求变为孩子的实际行动，就应当从日常小事抓起。

如：要求孩子每天问候下班回家的父母；当父母劳累时，孩子不要打扰父母休息；当父母生病时，孩子应主动拿药、倒水，等等。这样不但有利于孩子养成做家务劳动的习惯，也有利于增强孩子孝敬父母的观念："父母养育了我，我应为他们多做事。"

百善孝为先。孩子的孝心是从日常小事中培养起来的。孝敬父母的教育要从哪些小事做起呢？

1. 和孩子一起孝敬老人

父母去看望自己的父母（孩子的爷爷奶奶、姥姥姥爷）时，要带孩子一同前往，让孩子亲眼看看父母是怎样孝敬老人的。

2. 从小教育孩子要孝顺老人

让孩子力所能及地为老人做一些事情，买一些小的礼物，或者帮老人拎东西，或者给老人讲故事、捶捶背，孝顺是从点滴的小事做起的。

3. 从小让孩子学习《弟子规》

《弟子规》里面的内容是很实用的，最好跟孩子一起学习，把里面关于孝道的故事讲给孩子听。

教孩子做一个诚实的人

桐桐是一个6岁的小男孩。一天，妈妈要去外婆家，早上要上学时，桐桐说肚子痛不去幼儿园了。妈妈着急了，把他带到医院去看病，当他们到了医院，桐桐又说肚子不痛了，是老师生病了，小朋友们放假。

妈妈意识到桐桐在撒谎，必须采取严肃的态度去教育他。妈妈立即表示要同他一起到幼儿园里去看看老师是否生病了。眼看谎言要被揭穿了，桐桐只好跟妈妈说实情了：他想去外婆家。妈妈严肃地告诉桐桐："今天妈妈休息，你如果讲实话，我可能会替你向老师请假，带你一起去外婆家，可是现在不行了。以后你不说谎了，妈妈再带你去。"

桐桐认识到自己的错误，点点头。此后，桐桐再也不说谎了。

专家点评

在孩子成长的过程中，父母会遇到各种各样的教育问题，孩子撒谎就是其中常见的一个典型问题。我们都知道，孩子撒谎是不对的，会影响孩子的成长。

诚实是做人的基本准则。家长要告诉孩子，什么是一个人的道德底线，哪些事是错误的，千万不能做。诚实是每个父母都希望自己的孩子拥有的美德之一。

几乎所有的孩子都会说谎，但孩子说谎可以分为截然不同的两大类：有意说谎和无意说谎。

不以骗人为目的的说谎，属于无意说谎。对于3岁左右的孩子，他们还分不清事实与想象。比如：孩子把鸵鸟当作恐龙时，就会说："我在动物园里看到恐龙了。"在看到小朋友有什么好玩的玩具时，他可能会脱口而出"我也有"。

对孩子的无意说谎，我们不能指责孩子，而要给予正确的引导，让孩子明白事实。

有意说谎，是指为了达到某种目的，而故意歪曲事实真相的说谎。如为了免受打骂而掩饰真相；为了逃避自己不愿意做或不会做的事情，就谎称自己身体不适，以获取他人同情，等等。

这种有意说谎一般在5～6岁的孩子中比较普遍，就像上述案例中的桐桐一样。对孩子的有意说谎，我们应严肃地指出孩子的错误，告诉他谎言是要被揭穿的，说谎是要受到惩罚的。这样，孩子才会慢慢改掉说谎的坏习惯。

诚实是每一个孩子都应该具有的品格，每一位家长都希望自己的孩子

能够做一个诚实的人，而绝大部分的家长都会遇到孩子说谎的情况，面对这样的事情，家长们应该如何做呢？

1. 家长以身作则、言行一致

爱说谎的孩子大多与家长平时说话不算数有很大的关系。所以，要想孩子诚实守信，家长就要以身作则、言行一致，注意自己在生活中的一言一行、一举一动，为孩子做个榜样、做个表率。

2. 不主观臆断，多听听孩子的心声

孩子的成长是一个过程，在这个过程中会遇到很多意想不到的问题，当问题发生以后，要尊重客观规律，不要把自己的主观判断强加给孩子，而要多听听孩子的心声，尊重孩子在成长的过程中出现的问题和不足。

3. 懂孩子，了解孩子，信任孩子

家长一定要做到懂孩子，观其心，知其行。多和孩子在一起探讨和交流，只有这样才能了解孩子心里在想什么，也只有了解孩子的想法了，才能做到信任孩子。

4. 及时发现，加强引导

当发现孩子有说谎行为的时候，家长一定要掌握好处理的分寸，不要妄下结论，更不要强迫孩子坦白、承认。要了解事实真相，晓之以理，动之以情，让孩子明白说谎是不良的习惯。

教孩子学会宽容大度

　　孩子在与人的交往中，难免会受到遇到一些觉得委屈的事情。此时，家长要注意倾听，让孩子将心中的想法表达出来，然后帮助孩子换位思考，理解他人的想法和行为。

　　在一个儿童游乐园，一位幼儿园老师正在安慰一位大约4岁的小男孩，饱受惊吓的小男孩已经哭得精疲力竭了。原来，幼儿园组织了一次户外活动，小朋友们较多，这位老师一时疏忽，在儿童滑梯活动结束后，少算了一位，将这位小男孩遗留在了滑梯。小男孩因为独自在人生地不熟的地方，饱受惊吓，哭得稀里哗啦的。

　　这时，孩子妈妈来了，看着哭得惨今今的儿子，孩子妈妈蹲下来一边安慰儿子，一边理性地告诉儿子："儿子，妈妈知道你的委屈，不过已经没事了。老师因为找不到你而非常紧张、难过。老师不是故意的，现在你亲亲老师的脸颊，安慰她一下，可以吗？"

　　小男孩看看妈妈，又看看老师，踮起脚尖，亲亲蹲在他身旁的老师的脸颊，并且告诉她："不要害怕，已经没事了。"

专家点评

男孩的妈妈以实际行动教育孩子原谅老师的过错。就是要这样教育，才能培养出宽容、体贴的孩子。

那么，什么是宽容呢？现实生活中，遇到别人对不起你或做了有损你的利益的事情，如果对此不耿耿于怀，不过分计较，能够笑一笑就过去，就是宽容。宽容是人的一种美德，是做人的一种风度和境界。

虽然处于上幼儿园阶段的孩子还小，但宽容的品质需要从小培养。现代社会，孩子所吸收的信息量大，接触的人多、差别大，更需要学会宽容。教孩子学会宽容，以便他能应付以后更复杂的社会关系。

3～6岁的孩子正在上幼儿园，在幼儿园里，孩子之间会经常发生争吵甚至打架的事件，尤其是现在的孩子，自我意识特别强，又欠缺与别人相处的经验。若孩子凡事斤斤计较、度量狭窄，不仅不利于处理同伴之间的关系，还会影响孩子将来的人际关系。因此，教孩子学会宽容具有非常重要的意义。

专家支招

一个懂得宽容的孩子在人际交往中会比较顺利，不容易做出过激行为。那么，该如何帮助孩子学会宽容呢？

1. 为孩子树立榜样

孩子的宽容之心最主要的来源就是父母。孩子最初从父母那里学习待人接物。父母宽容，遇事不斤斤计较，与邻里、同事融洽相处，孩子就会学着父母的样子处理与同伴之间的关系，也会变得宽容、和善，乐于与人相处。

2. 原谅孩子的过错

孩子在成长过程中难免会犯错，当孩子犯了错误时，家长不要狠狠地批评，而应学会宽容。

3. 教孩子学会换位思考

由于儿童的思维处于发展阶段，所以常以自我为中心，不会为对方着想。碰到这种情况，解决的方法就是教孩子换位思考。家长引导孩子设想一下，假如他自己的玩具被别人抢走，他心里会有什么感觉，让孩子体会那种心痛的感受。如此考虑的次数越多，孩子处理生活中的问题水平就越高，许多矛盾就容易化解了。

4. 教孩子学会理解他人

金无足赤，人无完人，人有缺点是必然的。对于同伴的缺点，没有必要斤斤计较，多原谅一次别人，多给别人一次宽容和理解，也就为自己增添了一份好心情。

5. 让孩子多与同伴交往

宽容之心是在交往活动中培养起来的。孩子只有与人交往，才会发现每个人都有这样或那样的缺点，都会犯或大或小的错误，而只有学会容忍别人的缺点和错误，才能与人和谐交往、友好相处。

培养孩子的同情心

同情心是与生俱来的，只不过在孩子不同的年龄段，表现形式不同罢了。我们会发现在孩子很小的时候，想象力丰富的他们对周围的一切，包括没有生命的东西都会表示同情；甚至玩具狗掉在地上，孩子也会说："摔疼了吗？我帮你揉一揉。"

一位妈妈在家里收拾房间，3岁的女儿佳佳发现了一个布娃娃，那是妈妈儿时玩的。由于时间久远，布娃娃已经破旧不堪。佳佳却像发现了宝贝，抓着不放，可能是因为没有见过那个时代的布娃娃吧。

突然，佳佳对妈妈说："妈妈，娃娃怎么没有眼睛，衣服怎么也破了？"妈妈这才注意到，这个布娃娃已经严重破损，看着佳佳那略显难过的脸，她告诉佳佳："这个娃娃很久以前被邻居的狗给咬坏了。"佳佳小声嘀咕着说："娃娃多疼呀！"妈妈马上意识到这是培养孩子同情心的好机会，于是对女儿说："佳佳，我们一起把它修好，好吗？"佳佳痛快地答应了。

专家点评

孩子的同情心有个体差异，对于同一件事情，不同的孩子会有不同的反应。一个小朋友摔倒了，有的孩子会跑过来，有的则会很冷漠。更有甚者，当看到别的小朋友摔倒了，他们会哈哈大笑；看到路边的蚂蚁，他们会毫不犹豫地踩踏；看到小花，他们会顺手折断……

表现冷漠是缺乏同情心的表现。如今的孩子得到了太多的关注和爱，他们往往会以自我为中心，却不懂得怎样关爱别人。

现在的孩子，由于父母倍加宠爱，从小养成了以自我为中心的思维方式，因为他们只有被人爱的体验，没有同情人、爱护人的体验，往往专横、任性、懦弱、自私、霸道，缺乏豁达、宽容、同情心。

同情心是人的重要品质之一，在孩子幼小纯真的心灵中，同情心应是美好的，但现实生活中有些孩子没有关心和爱护他人、体谅与帮助他人的习惯，他们自私自利、冷漠无情，这必然影响孩子将来的发展。

专家支招

虽然年龄小的孩子还不懂得同情的真正含义，但是家长可以从以下几方面入手鼓励和教育孩子去关心、帮助他人，将同情心的种子埋在孩子的心里，让它茁壮成长。

1. 引导孩子关心体贴长辈

在家中，可以培养孩子对家长的体贴和关心，比如，让孩子帮爸爸倒杯水，给妈妈递东西，吃水果的时候挑大一些的水果给爷爷奶奶，等等。每当孩子这样做的时候，父母都要及时地给予肯定和赞许，为孩子感到自豪，让孩子察觉到自己的行为符合道德标准，以产生积极的情感体验。

2. 教孩子遇事多考虑一下他人的感受

一个人的美德，主要归功于他能够设身处地地为他人着想。例如，一个小朋友摔跤了，父母不妨问自己的孩子："当你摔倒了，你希望别人扶你一把吗？"让孩子学会站在别人的立场上，经常考虑别人的感受，就能帮助你的孩子学会敏锐地察觉他人的内心感受。

因此，要让孩子多与同龄人接触，鼓励孩子多帮助有困难的小朋友。孩子做了帮助别人的事情，要及时给予表扬，让孩子真正明白助人为快乐之本的道理。

3. 培养孩子对动植物及物品的爱护

在玩耍的时候，孩子会很自然地赋予物品以生命，和它们说话。在培养孩子的同情心时，可以利用他们的这个心理特点。比如，当孩子在折树枝时，家长以小树的口吻说："哎哟，我的胳膊好疼呀！呜呜呜呜……"家长模仿小树的哭声，很容易使孩子在情感上产生共鸣，这时再因势利导，让孩子想想自己的身体如果受伤了会有什么样的感受，引导他去体会别人的痛苦、理解别人的感受。

4. 利用生活中的实例培养孩子的同情心

对弱者表示同情，对暂时有困难的人给予帮助，是儿童的美好愿望，也是一种健康的心理需求。有条件的父母可以通过捐资助学、希望工程，为灾区捐款捐物，与贫困山区的孩子"结对子"之类活动，让孩子知道在很多地方，还有很多小朋友生活十分贫困，他们上不起幼儿园。同时父母应鼓励孩子伸出援助之手，捐出自己的压岁钱、零花钱，把自己的衣物、图书、学具送给有困难的小朋友。

5. 通过游戏情境培养孩子的同情心

家长还可以通过游戏促进孩子的情感发展，培养他们的同情心。通过角色游戏，让孩子扮演病人、医生、爸爸、妈妈等角色，体验生病时的痛苦，体会医生给人治病时的快乐，感受妈妈做家务的辛苦，爸爸下班归来后的劳累，等等，从而懂得要热爱、关心自己的父母，去同情、帮助有困难的人。

培养孩子团结合作的意识

一天，幼儿园老师找了五位小朋友，请他们配合做一个实验。老师拿出一个瓶子，里面有五个小球，每个小球都由一根线牵着。老师对五位小朋友说："你们每人拽住一个小球，在7秒钟内必须将小球全部从瓶中拽出，否则实验失败。记住，瓶口只容得下一个小球，谁的小球出得慢，谁就被淘汰。"

五位小朋友中最大的一位想了想，然后和其他四位小朋友耳语了几句，之后示意老师可以下令了。老师说："开始！"只见年龄最小的小朋友最先将小球拽出，第二、三、四个小球随后出来，最后拽出来的是那位年龄最大的小朋友。7秒钟内5个小球全部被拽出。这位老师被眼前小朋友的举动惊呆了，不停地称赞他们做得好。

专家点评

上面的例子，说明了团结是一种重要的精神，一个人要想成功，除了自身要有较高的素质外，还必须要有合作精神。

在日常生活中，孩子们一同游戏、学习的机会有很多，如一起搭积木、看书、做游戏……老师应想办法为他们创造、提供与同伴合作学习和游戏的机会。如组织孩子们进行小组或全班画画时，大家必须学习互相协商、互相配合、分工合作，只有相互商量，他们才能在构图、色彩、内容上协调一致。

当孩子帮助别人时，老师要及时给予肯定、鼓励，如："你真棒，能够主动帮助他人。"老师赞许的目光、肯定的语言、微笑的面容，以及轻扶孩子的肩膀、对孩子亲切地点头、竖起大拇指等，都能使孩子受到极大的鼓励，因而愿意更多地、自觉地做出互相帮助、团结友爱的行为。

社会是一个群体，很多事光靠一个人单枪匹马是不可能完成的，必须依靠群体的力量。这就要求孩子要学会和不同的人打交道，并能取长补短。所以，父母必须培养孩子与人合作的意识，训练孩子的合作行为，增强孩子的合作能力，培养的过程中要注意以下两点：

1. 增强孩子的互助意识

孩子从家庭进入幼儿园，不但环境变了，而且生活方式也变了。在集体生活中，孩子与同伴之间有着频繁的接触，这就需要他们建立互助互爱的关系，但大多数孩子起初对此很不适应。教师可以运用多种教学技巧，通过讲故事、念儿歌、情景表演等方式不断地增强孩子之间团结友爱、互相关心、互相帮助的思想意识。

2. 家庭也是培养孩子团结友爱的重要场所

家庭是孩子人生旅途中的第一站，对人一生的成长具有十分重要的作用。和谐的家庭环境，能促进孩子心理健康。父母在家应该让孩子帮忙做些力所能及的事情，如扫地、叠被子等。凡是孩子能做的事，就应放手让他们去做。还要和幼儿园配合，让孩子多参加集体活动，在集体活动中养成团结友爱的良好品质。

从小事让孩子学会爱护公物

　　幼儿园放学的时候天色尚早，很多孩子在幼儿园操场上玩耍。琪琪玩着玩着就开始拆一把小椅子，拆掉的一条腿被她随手扔到一边，妈妈在一旁玩着手机。

　　这时，幼儿园老师发现了椅子腿，说："琪琪，这椅子是你拆的吗？幼儿园的椅子是不能拆的，拆坏了，小朋友就不能坐了。"琪琪一时不知道怎么回答。这时，妈妈马上说："琪琪，这是你拆的吗？"琪琪看一眼妈妈，又看一眼老师，显得不知所措。老师笑一笑，温和地说："琪琪，做错了事情没有关系，敢于承认错误的孩子才是好孩子！"妈妈也灵机一动："琪琪，跟老师说，你还要把它装好，行吗？"

　　琪琪一听笑了，满口答应："好的，我可以装上的。"一会儿工夫，椅子腿就装好了。老师摸着琪琪的头说："琪琪，真棒！椅子是幼儿园的公共财物，我们一起来爱护它，好么？"琪琪高兴地说"好！"

专家点评

　　爱护公物是孩子应该具有的最基本的品德。孩子们爱自己的东西是出于天性，而爱护公物的意识却比较差。要想让孩子具有爱护公物的意识，需要老师和家长共同去教育。

　　因为，处于幼儿园阶段的孩子的行为是反复的，需要老师在平时不断强化，才可以形成一种意识。爱护公物的行为，也需要父母们不失时机地进行教育，让孩子的大脑持续不断地收到爱护公物的提醒，久而久之，孩子爱护公物的品德自然就培养起来了。

　　同时，对孩子爱护公物的教育也不能局限于一次、两次。家长对孩子破坏公物的行为要持续不断地给予教育，一次也不放过，直到孩子自觉树立爱护公物的意识。

专家支招

　　爱护公物，要从娃娃抓起。要掌握孩子的心理特点，从他们身边的公物着手进行教育。让孩子们明白什么是公物、怎样爱护公物，要通过身边的一件件小事，对孩子进行爱护公物的教育，从而使孩子产生爱护公物的观念，强化爱护公物的意识，养成爱护公物的习惯。家长和教师可以从以下几个方面入手培养孩子爱护公物的习惯：

　　1. 培养孩子爱护公物的意识

　　让孩子明确公共财物是大家的，而不是个人的，不能独自占有，也不能随意损坏。如，幼儿园的玩具不能乱扔、乱摔，更不能私自拿回家。玩的时候要爱惜，玩过之后要收好。不在墙上、桌椅上乱涂乱画等。

　　2. 物品用完放回原处，养成良好的存放习惯

　　把用过的物品放回原处，否则下次用时就难找了。在平时的活动中，孩子们用过的剪刀、油画棒、书本等物品用完后都要让他们放回原处，使孩子养成良好的存放习惯。

　　3. 及时表扬爱护公物的行为，时时强化爱护公物的意识

　　爱护公物的习惯不是一朝一夕就能养成的。对孩子爱护公物的行为要及时表扬，孩子形成了爱护公物的观念后，还要注意对其进行不间断的随机教育。孩子因为年龄小，常常有行为上的反复，如果有不爱惜公物的行为，别忽视、放任，而要坚持不懈地进行教育，一次也不放过。

第八章
━━ 教孩子控制自己的情绪 ━━
培养孩子的情绪管理能力

如今流行这样一句话:"情商比智商更重要。"在影响一个人成才的因素中,情商占80%,智商仅占20%。

0~5岁是培养孩子情商的关键时期,孩子脑部的发展在0~5岁时是一生中最快速的,特别是在情感能力的学习方面。

因此,父母应帮助孩子从小学会控制自己的情绪。

交流沟通，引导孩子自我控制情绪

童童今年6岁，他在幼儿园经常因为一点小事而发脾气，还总是和小伙伴打架。上课的时候他从来不听，总是动来动去的，不但自己不听课，还影响其他同学。老师已经多次找家长去沟通解决孩子情绪控制不好的问题，可仍然得不到解决。

童童爸爸在家里打也打了，骂也骂了，但是依然不管用，反而让父子关系越来越僵，家庭关系也紧张了起来。童童爸爸的脾气比较暴躁，生气起来总是动手打他。童童爸爸知道这样是不对的，但是真的没有其他的办法了，孩子学习不好，脾气又不好，再这样下去可怎么办啊！

专家点评

由于孩子对自己情绪的控制能力比较差，他们时不时地发小脾气是常见的事情。有时并不是什么异常现象，也不需要特别地加以控制，大人采取视而不见的冷处理办法，孩子的脾气可能很快就烟消云散了。这时若加以控制，反而起到反效果。只要孩子的脾气不是太过火，对别人不造成损害，可以暂时不用搭理，这样，孩子就会发现，发脾气并没有什么好处，其脾气可能就会越来越小，甚至不发脾气。

3～6岁的孩子毕竟还小，表达情绪的方式难免会有偏差，有时会发生对自己和他人都不利的情绪过激现象。例如，孩子因发脾气而与别的孩子争吵、打架，从而伤着自己和对方。遇到这些情况时，父母不应视而不见，而要严厉制止，让孩子知道自己发泄情绪不应损害别人的利益。

同时，家长要以身作则，树立榜样，冷静控制自己的情绪，以暴制暴是不能解决情绪问题的。家长对孩子比较粗暴，动不动就训斥孩子，孩子没有任何解释的机会和发言权，这样会使孩子减少或缺乏学习用语言正确表达情感的机会，也就有可能养成粗暴待人的不良习惯，这会对孩子的未来造成消极影响。

专家支招

那么，家长应该如何引导孩子正确控制自己的情绪呢？

1. 正确认识和重视孩子的情绪

家长要正确认识并重视孩子的情绪。遇到开心的事情，家长应多鼓励和夸赞孩子；遇到不开心的事情，不能由着孩子无休止地哭闹或是发脾气。

2. 允许孩子合理宣泄

在孩子有情绪的时候，家长要允许孩子合理宣泄。如让孩子大哭大笑，或是去跑步，或是让他自己先冷静一下。情绪要疏导出去，不要憋着，否则不利于孩子的身心健康。

3. 转移孩子的注意力

在孩子遇到不能控制自己情绪的时候，家长要想方设法转移孩子的注意力，将话题引到孩子感兴趣的事情上来。让情绪转移方向，孩子慢慢就会平静下来。

4. 与孩子交流沟通

当孩子不能控制自己的情绪时，家长要待孩子冷静下来后，和孩子分析一下这件事情的利弊，让孩子明白发脾气的后果是什么，这样以后孩子就会注意。

5. 教会孩子一些控制情绪的小方法

在孩子不会控制自己情绪的时候，家长要教会孩子控制情绪的方法。比如，深呼吸，或者到一个安静的地方待一会儿，或者自己去数数字，等情绪平稳后，再来解决面临的问题。

阳光心理，培养孩子积极乐观的心态

乐乐刚从幼儿园回来，就闷闷不乐地回到自己的房间，并把房间的门关上了。爸爸感觉他不对劲，便在吃晚饭时问："乐乐，今天幼儿园有什么高兴的事呀？"

"没有高兴事，但是有伤心事。"乐乐不高兴地回答。

"什么伤心事？能告诉爸爸吗？"爸爸问道。

"今天老师让我们表演跳舞，大多数小朋友都得了大红花，而我只得了一朵小红花。"乐乐伤心地说。

"大多数小朋友都得了大红花，说明他们跳舞跳得比你好。你要向他们学习，说不定下次跳舞，你也得到大红花了！"爸爸引导乐乐。

"可是，我现在就要大红花！"乐乐有些着急了。

"你现在跳舞跳得没有小伙伴们好，当然就不能给你大红花了。但是你只要好好练习，超过他们，老师就给你大红花了。你说是不是？"

"嗯，是的。"乐乐同意了爸爸的看法，开始高兴地吃起饭来。

专家点评

　　每个孩子都会碰到不称心的事情，即使天性乐观的孩子也是如此。当孩子身处困境时，家长要多留心孩子的情绪变化。如果孩子闷闷不乐，家长无论多忙，也要挤出一点时间和孩子交谈，指导孩子克服心理障碍，使悲观情绪、不良情感及时得到化解。

　　家长一定要注意观察孩子的情绪。只要孩子愿意与父母沟通，父母就要引导孩子把心中的烦恼说出来。这样，烦恼很快就会消失，孩子也会恢复快乐。当然，家长也可以帮助孩子克服一些困难，教孩子保持乐观的情绪，这些都是促使孩子摆脱消极情绪的好方法。

　　开朗乐观的孩子，更容易与人亲近或接触，不会因为害怕他人而畏缩，所以有很好的社交能力。相较于孤僻、不合群或有忧郁特质的孩子，开朗乐观的孩子在人际关系的发展上通常会有较好的表现。

孩子只有在感觉非常安全并被人彻底接受的时候，才会更加快乐和自信。所以，当孩子想倾诉问题时，父母一定不要做出好坏的判断，只要让他感觉到你在倾听就可以了。

碰到问题，有些人以开朗乐观的态度面对，但也有人以消极畏缩的态度逃避。前者，会因为解决问题而向前迈进；后者，可能会因突破不了困难而停滞不前。因此，从小培养孩子开朗乐观的心态，有助于孩子勇敢面对未来的种种挑战。

乐观的心态不是每个人都能拥有的，但是可以培养，而且应该从孩提时代就开始培养。因此，父母在关注孩子的身体健康，督促孩子用心学习的过程中，也要注意培养孩子的阳光心理，让孩子身心全面发展。

1. 培养孩子广泛的兴趣

只做单调的事情会让孩子感到厌倦，如果他们既喜欢看书，又喜欢运动，还爱好艺术，激发他们的兴奋点就会容易很多，有助于孩子变得开朗。

2. 鼓励孩子多与同龄人交朋友

多带孩子出去和同龄人交往，或邀请孩子的同学到家里来。如果朋友的孩子跟你的孩子年龄相仿，两家人不妨多出去聚餐或游玩。

3. 教会孩子与人融洽相处

父母多带孩子参加大人的聚会，让他们接触不同年龄、职业和性格的人，并鼓励孩子主动和这些人讲话。

4. 让孩子拥有选择权

适当让孩子做主，如穿什么样的衣服，看哪些课外书，以及选择哪些朋友。当然，父母也要适时给出建议。

5. 营造和谐的家庭氛围

研究表明，孩子在牙牙学语前就能感觉到周遭的氛围。可见，充满了敌意甚至暴力的家庭，绝对培养不出开朗的孩子。

重拾快乐，舒缓孩子悲伤的情绪

莹莹是一个4岁的小女孩，上个月，莹莹的小弟弟出生了，父母感到非常高兴，唯独莹莹沉默寡言、郁郁寡欢，显得很悲伤，一点没有欢迎弟弟出生的喜悦感，无论父母如何询问也得不出结果。

有一次，在幼儿园玩游戏的时候，莹莹在摆弄几个玩偶，她把其中三个玩偶摆在一起，另一个放在比较远的地方。老师问其原因，莹莹说三个一起的玩偶分别是爸爸、妈妈和弟弟，远远的那个玩偶是自己。她认为，弟弟出生后，爸爸妈妈只喜欢小弟弟，不喜欢她了。

原来，最近一段时间，莹莹情绪低落是因为这事。老师及时与家长取得联系和沟通，莹莹悲伤的情绪才有所缓解。

专家点评

人人都有喜怒哀乐，孩子也不例外。当孩子心里有委屈不敢随便向他人倾诉，或者是失去了自己心爱的玩具却无法得到他人的理解和同情时，孩子就会陷入悲伤的情绪状态。

孩子悲伤的时候，有时会伴随哭泣，这样可以释放紧张情绪，使心理压力得到缓解。这是一种消极的减压情绪，也是一种心理保护措施。然而，当孩子的悲伤持续的时间过长，或者程度过重的时候，就会引发一系列问题，比如抑郁、孤僻，甚至身体上的疾病。

有的孩子心情悲伤是通过玩来展示的，因为对这个时期的孩子来说，玩游戏是他们的最爱。比如，孩子玩给娃娃打针的游戏，可以帮自己克服打针时的恐惧。游戏帮助孩子发展自我控制，家长可以利用游戏改造孩子的问题行为。这个时期，孩子出现情绪问题，家长可以关注孩子的游戏活动，在游戏中了解孩子的情绪，帮助孩子缓解情绪。上述案例中的莹莹就是通过玩游戏来表达自己悲伤的情绪。

当家长感觉孩子的情绪不对时，不妨首先来观察孩子的游戏活动，做什么游戏，怎么做游戏，对玩具说些什么、做些什么，这些可以帮助你了解孩子的心理状态。然后父母可以在适当时候加入孩子的游戏中，用游戏语言跟孩子沟通，了解孩子，并为孩子示范调节情绪的方法。

学会处理悲伤等不良情绪是所有孩子都要学会的生活技能。孩子处于悲伤的情绪时，往往不懂得如何从悲伤的阴霾中走出来。家长在帮助孩子摆脱悲伤、重拾快乐上起着至关重要的作用。为了让孩子走出负面情绪，家长可以这样做：

1. 和孩子主动交谈

父母需要留意孩子的情绪变化。孩子在情绪低落时往往会封闭自我，不愿意和人交谈。这时候，父母再忙，也要抽出时间和孩子聊聊，倾听孩子的心声，带着情感共鸣的心理回应孩子的问题。

2. 理解和包容孩子的反应

对于孩子表现出来的情绪波动，乃至发泄行为，如痛打玩具或乱砸东西，父母不要去指责，而是应该予以包容和理解，设法通过言语引导孩子。

3. 鼓励孩子积极面对悲伤

对于孩子而言，父母的鼓励显得尤为重要。鼓励孩子勇敢、积极地面对悲伤，告诉孩子一切不开心的事情都会过去。多用积极正面的言语给予孩子鼓励，孩子就会慢慢地从阴霾中走出来。

4. 让快乐的气氛感染孩子

借助同伴的力量，邀请孩子的小伙伴到家中一起玩，让快乐的气氛感染孩子。或者带孩子外出，比如去郊外散步，去动物园、欢乐世界等，让孩子在快乐中忘掉过去的不愉快。

冷静安抚，疏导孩子愤怒的情绪

一天，幼儿园放学了，婷婷在幼儿园等妈妈来接她，20分钟过去了妈妈才来，一看到妈妈的身影，她就立刻扑了上去："妈妈，妈妈，你怎么这么晚才来啊？我的奶油饼干呢？""哦……糟糕，女儿，妈妈今天下午开会，下班晚了，忘记买奶油饼干了。"妈妈一脸尴尬。

婷婷听妈妈这么一说，气得跳起来冲妈妈喊："你早上答应给我买的，我都等了一整天了，你说放学后拿着奶油饼干来接我！"妈妈赶忙安慰女儿："宝贝儿，别生气了，妈妈是真的忘记了，下次绝对不会……"可此时的婷婷根本听不进妈妈说的话，她一边哭闹，一边大喊："你是个大骗子！我讨厌你！"

婷婷在众目睽睽之下的哭闹让妈妈觉得很没面子。妈妈有些生气了："闭嘴，你怎么能这样和妈妈讲话？太没大没小了。妈妈不就是忘记了，你至于发这么大火吗？"妈妈边说边去拉婷婷的手，想快点离开，但婷婷不但不配合，还对妈妈又踢又踹，妈妈只好连拉带拽地把她拖到车里。

婷婷的情绪完全失控，她大叫着踢打车门。妈妈终于怒不可遏："你给我闭嘴，不许哭！再敢动一下，我立马把你扔下车！"

年幼的孩子心智还不够成熟，没有能力处理好内心的愤怒与不满情绪，所以处在情绪愤怒、不满状态下的孩子，常常以哭闹的行为来抒发内心的不满。这时，孩子的父母只有爱是不够的，还需要了解孩子的想法和感受，帮助他处理负面情绪。

情绪是人与生俱来的心理反应，每个人都有情绪。无论是成年人还是儿童，在每一天的生活中，除了体验快乐，也会有愤怒、悲伤、孤单、恐惧的情绪。

大部分孩子都是根据自己感受到的情感，做出反射性的行为。他们在生气时，会立即发火或用攻击性的行为表达愤怒。

这时，家长要搞清楚孩子发脾气的原因，像上面提到的案例，婷婷因为妈妈忘记承诺，没有带着奶油饼干来接自己而失望、挫败，进而产生愤怒情绪。这时，帮助婷婷释放愤怒的最好方法就是接纳和倾听。当孩子情绪爆发时，一味地指责和说教无济于事，反而会火上浇油，让孩子的失控愈演愈烈。

当婷婷兴奋地冲向妈妈要奶油饼干时，如果妈妈能蹲下来和婷婷好好说，婷婷也不至于大发脾气，因为蹲下的姿势本身就能缓解对方的情绪。接着，妈妈可以这样说："妈妈今天做了件错事，你能帮帮妈妈吗？"以便孩子从心理上更容易接受令人失望的事实。

等孩子的情绪相对平静时，拥抱、安抚孩子，问孩子："你为什么生气？是不是妈妈忘记给你买奶油饼干，让你很失望？"得到孩子的回答后，继续问："现在怎么做才会让你觉得好一点儿呢？"这些问话可以帮助孩子弄清自己的情绪，并给孩子以启发，让孩子知道还有很多方法可以解决问题。

在成长的过程中，孩子经常会发小脾气。家长千万不要轻视孩子的脾气，因为有时候他们表现出来的愤怒令人难以掌控。那么，家长该如何应对这些愤怒的孩子呢？

1. 问清原因，以同理心回应孩子

当父母发现孩子愤怒时，首先要问清楚原因。有时候，孩子愤怒仅仅是因为觉得委屈和不满，如果家长能够及时体察孩子的这种心情，并用同理心表示理解，孩子的怒气会立刻消掉一半。如："你是不是觉得这样做让你受委屈了？我也觉得是这样！""我知道这件事情很难做，我们一起想办法来解决吧！"

2. 转移孩子的注意力

当孩子愤怒时，家长可以通过转移孩子注意力的办法来缓解他们的愤怒。可以给孩子一些他们喜欢的玩具，还可以给孩子看他们喜欢的动画片。当然，这种办法必须适当，不能为了缓解孩子的愤怒而答应孩子一系列无理的要求。

3. 不理睬孩子，让孩子自己去闹

很多孩子愤怒时都会打人、骂人，甚至还毁坏东西。面对这些失去理智的孩子，这个时候，家长千万不要用言语去化解他们的愤怒。如果这个时候好言相劝，只会让事情变得越来越糟糕，应该让孩子自己去闹。当然，如果孩子采取过激行为，那么家长还是要制止的。

4. 孩子愤怒时，家长一定要冷静

孩子耍脾气时，确实让人感觉很烦恼。如果家长面对孩子的愤怒表现出不耐烦和焦躁的情绪，就会让事情变得更糟糕。所以，家长千万要记住，在孩子愤怒时，自己一定要冷静。

认清梦想与现实，教孩子怎样面对失落

下午幼儿园放学后，甜甜回到家，独自坐在房间里。妈妈发现甜甜有些异样，便问甜甜哪里不舒服。甜甜摇了摇头，还是一句话不说，但是眼圈都红了。

在妈妈的一再追问下，甜甜终于说："今天我在幼儿园回答出了老师的问题，可老师没有给我小红花，而是给了旁边的小朋友。"甜甜妈妈听了之后不以为意地说："我还以为是什么事呢，不就是小红花吗？晚上妈妈给你叠一朵。"甜甜一个劲地摇头说："我不要你给的，我就要老师给的。"

 专家点评

失落，是每个人都会有的情绪，这很正常。通常，孩子在幼儿园都会得到一些小小的奖励，比如小红花、五角星等。这些奖励代表着老师的赞扬与肯定。但有时，老师会忽略某一位小朋友，忘记给孩子这个"重要"

的奖励，从而引起孩子的失落。

也许在成人看来，这是一件很不起眼的事，可是在孩子的心里却代表着荣誉和成就。所以，家长千万不能把这件事当作小事对待，如果发现孩子有失落的情绪，应及时予以安慰和补偿。

家长应告诉孩子："老师只是忘记了，宝宝应该理解老师。你想，老师每天要照顾这么多小朋友，要去做很多事情，有些事难免会忘记。有时，其他小朋友也会遇到这样的事。没关系，只要宝宝一直表现良好，肯定会引起老师的注意，老师一定会给宝宝小红花的，而且会给很多呢。"

专家支招

人生难免有不如意之事，我们也无法满足孩子的每一个愿望。因此适度地让孩子受一些挫折，从某个角度来看，未尝不是一件好事。以下几种方法，可以让我们帮助孩子调适失落感。

1. 倾听并正视失望情绪

当一件事情没有达到孩子的期望时，他就会失落。此时，家长首先要做的一件事情就是倾听，让孩子表达自己的失落，然后再告诉他们这很平常，要让他们正视失望，并帮助他们分析失望的原因。

2. 帮孩子认清梦想与现实

其实，人之所以会产生失望，就是因为现实与梦想有差距。差距越大，就会让人越失望，对于孩子来说也是如此。所以，我们要告诉孩子：梦想不是一日可以实现的，是需要不断地努力，不断在失败中吸取经验的。告诉孩子要学会接受短期的失望，然后把失望转化成对未来的希望。

3. 让孩子学会自我减压

孩子在成长的过程中，失落的情绪在所难免，压力也就随之而来。家长应有意识地培养孩子的自我减压能力。

4. 引导孩子想出解决方案

在遇到失败和挫折时，家长除了要让孩子面对挫折和失落情绪，还需要在了解问题的始末后引导孩子去解决问题。只有把失败的原因分析清楚，并找到解决方案，才能让孩子彻底地从失落中走出来。

第九章

安全问题无小事

提高孩子的安全意识

孩子快乐、健康地成长离不开安全。提高安全意识，
对缺少生活经验、体能发展不完善的孩子来说是至关重要的。

警惕生活中的安全隐患，孩子安全从小就要抓牢

周末晚上，4岁的佳佳一个人在客厅玩耍，爸爸妈妈都在厨房里忙着准备晚餐。突然，佳佳跑过来，将一个空药瓶交给妈妈，说："妈妈，把它扔到垃圾桶好吗？"妈妈吃惊地问："佳佳，里面的药片呢？"佳佳得意地笑了，指指嘴巴："妈妈，我都吃下去了，挺甜的。"

这下可不得了，惊慌失措的爸爸妈妈赶紧带着佳佳去医院检查、洗胃。由于治疗及时，孩子安全脱险，没造成大的伤害。爸爸妈妈十分后悔没把药瓶收好，否则孩子就不会遭受痛苦了。

 专家点评

如今，孩子吃最好的，穿最好的，玩最贵的，接受最好的教育。然而，家长却忽视了对孩子进行安全知识及自我保护意识的教育。3～6岁孩子的好奇心很重，很多时候不知道危险。为了保证孩子的身心健康和安

全，使孩子顺利成长，家长应经常对孩子进行安全知识教育。

好奇心重、活泼好动，是该年龄段孩子的一大性格特点。在看到新奇物品、新奇食物时，他们会抑制不住内心的冲动而盲目尝试，或是使用剪刀、胶水，或是进食过期食品、药品等，不仅会对自身的健康和安全构成威胁，严重的甚至可能导致死亡。

在日常生活中，家长应有意识地向孩子讲解一些安全常识。许多家长只知道给孩子定下种种规矩，不许这样，不许那样，却懒于对这些规矩做进一步的解释、说明。孩子没有理解家长不允许自己这样做的理由，认识不到这样做的危险性，一旦成人不在身边时，在好奇心或逆反心理的驱使下，他们常常会做出一些危险的尝试，从而引起伤亡事故。

因此，家长在向孩子提出一些安全规范时，应耐心地讲清原因。如：不要把手指放在门缝里，否则别人一推门，会夹伤你的手指；不要在马路上玩，那里车子很多，一不小心就会被车撞到……孩子明白了这样做的危险后果，理解了家长的限制是出于对自己的爱护，也就不会去贸然尝试了。

专家支招

孩子的成长，离不开父母的引导和呵护。在孩子成长过程中会遇到很多潜在的危险，孩子的安全意识也不是一朝一夕就可以养成的，是需要经过长期的培养与呵护才能形成的。

因此，在生活中，父母应多和孩子进行沟通，教会孩子生活中的安全知识。以下是要特别提醒父母加强教育的：

（1）教育孩子不要玩火、玩电，让孩子了解玩火、玩电是很危险的。

（2）教育孩子不要爬到楼房的窗台、阳台上，让孩子知道容易跌下去。当孩子在电视上看到一些超人的动作时，应及时告知孩子这是在有很牢固的保障措施下才能做的。

（3）教育孩子不要把玻璃球、花生米、小塑料粒等放进耳朵、鼻子等地方，否则容易落入气管，造成窒息。

（4）厨房对孩子来说是不安全的场所，火炉、热锅、开水壶、刀叉等都是危险的，所以应教育孩子不要在厨房里玩。

（5）教育孩子不要玩塑料袋，否则套在头上会引起窒息。因为孩子在情急时，很难从头上取下塑料袋，若是将袋口拉紧则更加危险。

（6）教育孩子不要随便吃药，也不要吃脏污和有异味的食品。闻到有异常气味，要用湿毛巾捂住口、鼻，迅速离开现场，并向家长报告。家长要严格保管好药品，注明标志、上锁，搞好厨房卫生，不买变质、变味的食品，饭菜要煮熟。

为孩子的生命护航，交通安全教育不可少

交通安全是孩子安全教育的一项重要内容，孩子每天的生活与交通有着密切的关系。如果你想放心地让孩子过马路，如果你想放心地让孩子坐车，那么，请你从自己做起，关注交通安全，并对孩子进行详细的交通安全教育。

一位妈妈开车带着6岁的女儿从幼儿园回家。走到一个十字路口的时候，正好红灯亮了，这位妈妈慢慢地将车停了下来，等待绿灯亮起。

这时候，路上的行人和车辆都很少，这个十字路口只有对面的两三辆车在和他们一起等绿灯。

6岁的女儿对妈妈说："妈妈，路上又没有人，我们开过去吧。"

妈妈却认真地对孩子说："虽然现在没有人，但是现在是红灯，是不能过的，这是最起码的交通规则，是每个人都要遵守的。你看，对面的那几辆汽车也和我们一样在等绿灯亮。"

然后，妈妈又给女儿讲起了交通规则。直到绿灯亮起，妈妈才将车发动。

交通规则是社会公德的一项重要内容，人人都要遵守。父母更要以身作则，让孩子从小树立遵守交通规则的意识。即使是在无人的十字路口，只要红灯亮起，也要等到绿灯亮了才走。为了保障孩子的生命安全，必须教育孩子了解交通规则和遵守交通规则。

由于儿童身体的各个器官、系统尚处于不断发育的过程中，其机体组织比较柔嫩，容易受伤。同时，儿童的认知水平较低，缺乏自我保护意识，因此，极易发生意外伤害事故。所以，对他们进行初步的安全知识教育和习惯培养极为重要。

随着经济和科技的发展，中国逐渐变成一个汽车大国。但是交通事故粉碎了很多家庭的幸福生活。所以，家长应该担负起教育孩子树立交通安全意识的第一重任。

家长是孩子的第一任老师，树立孩子的交通安全意识需要家长的反复强调、叮嘱。这不是让孩子吃一次亏就能记住的问题，家长必须随时随地地给孩子灌输这方面的知识，让孩子懂得安全的重要性。

对孩子进行安全教育，必须根据他们的身心发展水平和特点来进行。采取示范与讲解相结合，注意正面引导和随机教育，把交通安全教育落到实处。对孩子进行的交通安全教育，大致包括以下方面：

（1）平时可以教孩子一些交通安全知识，让孩子熟悉各种交通信号和标志。

（2）用歌谣的形式让孩子记住基本的交通规则。

（3）不要让孩子在马路附近追逐、玩耍，更不要让孩子在马路边踢球、玩球。

（4）过马路时要牵住孩子的手。

（5）教育孩子过马路应走人行横道、天桥等。过人行横道时要注意来往车辆，先向左看，再向右看。

（6）教育孩子不要在汽车或摩托车上乱摸、乱动，也不要在停车场附近玩耍。

（7）教育孩子坐公共汽车或其他车辆时都应坐稳，不可在车厢内跑来跑去。

（8）通过有趣的影片或故事书，让孩子了解交通安全的重要性。

（9）乘坐私家车时，家长要将孩子安排在后排的固定儿童座椅上，保证孩子的安全，而且严禁孩子在车内吃零食，防止因车辆颠簸而噎着孩子。

（10）可以给孩子穿上颜色醒目的衣服和帽子，以提醒司机。

（11）告诉孩子发生交通事故要拨打122报警、120救护，这些号码一定要记住。

此外，家长还要教育孩子在事故发生时采取自救措施。当发生车、船撞击的时候，要用双手抱住头部，将身体缩成球形。当坐在车内发生意外时，也应迅速抱住头部，并缩身成球形，以减轻头部、胸部受到的冲击。当车身翻倒时，切忌死死地抓住车内的某一个部位，最好的办法是抱头缩身。在事故不可避免地发生了的时候，让孩子学会自救的基本知识，将会大大地降低孩子受伤害的程度。

严防校园意外，教孩子学会保护自己

一天课间操结束后，恺恺和芳芳在操场玩耍，你追我赶，玩得忘乎所以。一个不留神，两个人控制不住撞到了一起，恺恺的头碰到了地面，头皮破了，鲜血直流。芳芳见状害怕了，连忙躲到教室里。

恺恺见自己的头流了这么多的血，吓蒙了，呆呆地站在原地。其他小朋友见状，赶紧跑到教室找老师。老师飞奔到恺恺身边，把他带到医务室，医务人员赶紧拿棉签和药水给他简单地清洗和包扎了一下，然后老师马上打电话给他的家长告知情况，告诉他们赶紧到医院会合。还好，恺恺的伤口不是很深，又处理得及时，所以不用缝针，只是打了一针破伤风针。

 专家点评

处于幼儿园阶段的孩子自我保护意识淡薄，自我保护能力低下。一到

课间活动的时候，孩子们玩起来就忘乎所以，把学校的要求、老师的叮嘱都忘了，所以孩子们很容易在这段时间里出现一些安全事故。如何减少意外伤害的发生，保护孩子的人身安全，已越来越成为家庭、幼儿园乃至整个社会关注的问题。

在幼儿园里，全体老师应有高度的安全意识及丰富的安全知识，时刻关注孩子的安全，不可大意。老师应向孩子们讲解遇到鼻子出血怎么办、摔倒后要注意什么、日常生活中要注意什么等具体的问题，同时用动作引导孩子究竟该怎么做，使他们真正掌握自我保护的方法，提高自我保护意识。

因此，让孩子学会自我保护必不可少，因为看护、爱护不如自护，培养他们的自我保护能力非常重要。

让孩子掌握有关安全知识，对提高他们的自我保护能力是十分重要的。它关系到每个孩子的健康成长，关系到每个家庭的幸福平安。因此，老师要本着有备无患的原则，提高自己的责任心，细心开展每一个活动，教给孩子多方面的安全知识，避免孩子遇到意外，真正做到让每个孩子都健康、快乐地成长。

专家支招

校园安全工作是社会安全工作的一个十分重要的组成部分，与每位老师、家长都联系密切。这关系到千千万万个家庭的幸福安宁和社会稳定，也关系到孩子们能否安全、健康地成长。下面是各位教职工在校园安全工作执行中要注意的基本内容，家长也要牢记于心。

（1）幼儿园所有的设备定期检查。及时组织对全园环境、设备、场地、大型玩具、房舍以及水电暖设备的检查维修，发现不安全因素，及早采取预防措施。

（2）防磕碰。目前大多数教室的空间比较狭小，又置放了桌椅、饮水机等用品，所以不应在教室中追逐、打闹，做剧烈的运动和游戏，防止磕、碰受伤。

（3）防滑、防摔。教室的地板比较光滑，要注意防止滑倒受伤；需要登高打扫卫生、取放物品时，要请他人加以保护，注意防止摔伤。

（4）防坠落。无论教室是否处于高层，都不要将身体探出阳台或者窗外，谨防不慎发生坠楼。

（5）防挤压。教室的门、窗户在开关时容易压到手，应当处处小心，轻轻地开、关门窗，还要留意会不会夹到他人的手。

（6）防火灾。不要带打火机、火柴、烟花爆竹、小鞭炮等危险物品进校园，杜绝玩火、燃放烟花爆竹等行为。

（7）防意外伤害。不带锥、刀、剪等锋利、尖锐的工具以及图钉、大头针等文具，使用时必须有老师指导，用后应妥善存放起来，不能随意放在桌子、椅子上，防止有人受到意外伤害。

（8）防止异物入口。在儿童入园或日常活动中，午睡前要检查身上有无危险品，如火柴、小刀、别针、扣子、小珠和玻璃片等。儿童药物要按时服用。服药前要仔细查对姓名、剂量、用法，并亲自督促服下。服药情况要有记录，内服药与外用药严格分放。

（9）防止烫伤。严禁让儿童到不安全的地方，并严禁儿童拿开水壶、烫饭等，热水瓶要放在适当位置。夏天，要提前把饭菜做好，不让儿童吃烫饭。有组织地给儿童喝温度适宜的开水。

（10）防止触电。室内外电流开关要设置在儿童接触不到的地方，禁止儿童自行开关电灯、电视机、消毒柜等电器。

（11）教育儿童在运动或游戏时应听老师的安排，遵守纪律，有序活动，避免互相追打、乱跑、碰撞。

（12）引导儿童了解消防栓、灭火器的用途，知道幼儿园的安全通道出口；教育他们养成到公共场所注意观察消防标志和疏散方向的习惯；教他们熟记各种报警电话，并学会如何报警。

预防走失及拐骗，不给坏人以可乘之机

小花是个6岁的小女孩。幼儿园放暑假了，她离开农村老家，跟随妈妈来到爸爸打工所在的建筑工地。

一天上午，小花跟着爸爸来到了工地。小花淘气，爸爸骂了她几句，她生气了，独自跑到了马路上。

恰好，有个50岁左右的陌生男子路过，看到了落单的小花。陌生男子哄着小花，将她拐走了。

发现小花不见了，父母急忙报警。

民警看了大量路面监控，最终发现了小花和陌生男子的去向，并找到了他们。

后来，那位陌生男子供述，自己早年离婚，无儿无女，带走小花，是想过一把当父亲的瘾。

真是有惊无险啊！

小花爸爸表示以后要看好自己的孩子，不给坏人可乘之机。

专家点评

　　如今，每个孩子都是家里的宝贝，一旦发生意外和危险，都会让家人悲痛欲绝。案例中的小花在与陌生男子相处的过程中，似乎没有一点防骗意识。

　　家长一定要教会孩子防骗知识，使孩子提高防骗意识。一定要对孩子强化"不要跟任何陌生人走"这一概念。可以通过具体案件，或者是以情景模拟的方式告诫孩子，任何陌生人给予的糖果、饮料和玩具都不要接受，更不要听信陌生人的"交换说辞"——"叔叔给你吃糖，你和叔叔一起去玩！"

　　家长的教育方式应该更加柔和，一旦孩子哭闹，不要以粗暴的方式压制，而是应该悉心引导，以防孩子赌气出走遇险。特别是五六岁的孩子，由于活动的自主性比较强，最容易走失，家长必须加倍小心。

但现实中不少家长认为，孩子被拐骗这样的事情离自己太遥远，不可能发生在自己孩子身上，所以不在意，也缺乏这方面的教育。今天，就来和大家谈谈如何正确教育孩子防拐骗。

易发生拐骗的地点有医院、车站及人群密集地，如公园、游乐场、购物广场等场所。这些地方空间大、人群密集，孩子因为好奇到处乱跑，人贩子往往有机可乘，容易进行诱骗。

拐骗儿童的常见手段如下：

（1）权威诱惑法。拐骗者能叫出小孩的名字，然后告诉孩子说，受爸爸或妈妈委托，前来带孩子回家，甚至说得到了老师的同意。这类"权威诱惑"通过骗取孩子的信任来诱骗小孩。

（2）礼物利诱法。"小朋友，我的车里面有一个礼物给你。想知道是什么吗？跟我到车里去看看吧。"这种方法是利用孩子的好奇心而达到拐骗孩子的目的。

（3）带路引路法。诱骗者利用孩子善良、乐于助人的品格，有意引诱孩子。例如："小朋友，你知道去某酒店的路怎么走吗？能不能带我去啊？"

家长要尽量通过事例分析、游戏和情景模拟的方法，帮助孩子掌握有关防范拐骗的自我保护方法。由于受到年龄特点和经验的限制，简单说教对孩子不容易产生深刻的印象。直观性、形象性和操作性是教育孩子的基本原则。家长可以结合身边发生的事例或相关新闻报道中的案例，和孩子一起分析。家长可以借此询问孩子："如果你也碰到同样的情况，你会怎么做？"

以下是防止孩子被拐骗的技巧，分享给各位家长共同学习。

1. 让孩子在家长的视线范围内活动

带孩子外出时，要随时注意孩子是否在身旁或在视线范围内。切记不要一遇到熟人，就只顾自己聊天而忘记了孩子，导致孩子意外失踪。

2. 给孩子穿戴鲜艳的衣帽

带孩子外出时，要给其穿戴鲜艳的衣帽。这是因为鲜艳的衣帽很醒目，很容易被辨别和发现。在人来人往的场所，鲜艳的颜色便于在人群中一眼认出。还要熟记孩子的体貌特征及当日衣着特征，以备急用。

3. 尽量不要带孩子到热闹的场所

尽量不要带孩子到大型商店、热闹街道、大型活动场所等，以免孩子因人多拥挤走失。

4. 教孩子对陌生人保持警惕

家长要教育孩子避免与陌生人接触，陌生人给的东西不能要，给的食物、饮料不能吃、喝，坚决不要和陌生人搂抱，绝不能跟陌生人走，等等。教育孩子学会抵抗诱惑，即使是曾经见过的人，也不要轻信。

5. 教孩子防骗的小故事

父母可以找一些关于防拐骗的小故事讲给孩子听，如果只是干巴巴地讲大道理，孩子可能记不住或理解不了，利用孩子喜欢听故事的特性，让其记住一些防拐骗常识，对其遇到状况时自救有利。

6. 提前和孩子模拟失踪情景的演练

家长平时要和孩子模拟一旦失踪的应对方法。家长在生活中要告诉孩子，遇到困难时可以向什么人求救、在什么地方求救等。到景区或公共场合，让孩子认识各种标识，通过制服让孩子认识保洁人员、安保人员、售货员和导购等。告诉他可以停留在检票处、售票处、收银台、广播室这些地方等待家人。同时可以模拟特殊情况，让孩子进行演练。

7. 教孩子记住家人的电话和地址

3岁左右的孩子记忆力已经很好，家长可以让孩子记住家人的电话号码、家庭住址以及幼儿园的名称，还要教孩子在遇到紧急情况时拨打110，以学会自救和寻求帮助。

此外，现在许多年轻父母由于工作繁忙，都把孩子交给老人来带，这给拐骗者提供了可乘之机。老人带孩子如何防拐骗，也有方法可循。

如果老人刚开始带孩子，不熟悉环境，孩子的父母可以先带老人熟悉周围的环境，告诉他们哪些地方可能不安全，尽量少带孩子去。

让老人携带手机等通信工具，同时给他们的手机预存家庭成员电话和报警电话，教会他们用电话报警，一旦出事就能及时报警或者及时通知孩子父母。

不要让老人单独带孩子到偏僻的地方，防止坏人强抢孩子。

提醒老人在日常与他人的交往中提高警惕，不要轻信他人的花言巧语，更不要轻易把孩子交给他人来抱。

防灾避险，教会孩子防范意外伤害

有这样一个本来能够避免的悲剧：

一天晚上，一个小男孩跟随爷爷奶奶从亲戚家回来，一进门就闻到一股浓烈的煤气味。爷爷奶奶嘱咐男孩站在客厅别动，他俩一前一后进了厨房，想去关掉煤气开关，可能是爷爷视力不好，老半天也找不到煤气的开关，后来男孩听到奶奶叫爷爷开灯找，男孩一听，连忙大喊一声"不能开灯"，就钻到了沙发背后。

可是根本来不及，只听得"咚"的一声巨响后，厨房窗户都被炸飞了。事后有人问这个小男孩，怎么会知道煤气泄漏时不能开灯。男孩回答说，是老师在课堂上教的。

平时，家长应将日常生活中经常遇到的各种安全知识对孩子进行长期教育，反复强调。例如：走路靠右行、吃饭不说话、鞋带要系紧、轻开门窗等习惯，使儿童树立良好的生活习惯，从而起到自我保护的作用。

专家点评

意外伤害猝不及防，一旦发生，伤害的不仅仅是身体，还有心理。有时候，伤害离我们很近。

我国儿童死亡事件中，近三成是意外伤害引起的。儿童意外伤害的多发地点是本应最安全的家。有资料表明，52%以上的意外伤害发生在家里，甚至就发生在父母的眼皮底下。所以，"家即将成为儿童意外伤害的第一场所"的论断，并不是危言耸听。

从家庭意外的防范看，家长必须有预见性地排除可能对孩子造成意外伤害的各种设备、物品等。如打火机、热水瓶、剪刀、药品等要放在孩子拿不到的地方；室内生炉子要有排烟装置，以免煤气中毒；家里的电源开关、插座要安装在孩子摸不到的地方；禁止孩子爬高、趴窗，等等。

为了避免家庭意外带来的伤害，家长应及早教会孩子如何逃生、自救和求救。例如，要让孩子懂得煤气泄漏时要先切断气源，开窗通风，千万不能按门铃、开灯、打电话、关电子打火开关等，否则会引起爆炸；教孩子遇到意外要懂得打报警电话，并让他掌握一些基本的医疗急救知识。

专家支招

儿童天性好动、好奇心强，但是危险意识差，自护能力弱，因而很容易遭受意外伤害。家长应警惕身边容易忽视的安全漏洞，防止孩子受到以下几大常见意外伤害。

1. 摔跌伤

发生幼童跌落意外，大多因父母大意。我们建议：加强防护措施，如果安装护栏，最好间隔在5厘米以下；不要在窗户下放置任何能攀爬的物件；在洗手间、洗手盆前和楼梯等地方放上防滑垫。

2. 气管异物窒息

将小异物收好，如纽扣、硬币等；3岁以下儿童慎吃坚果、豆类和黏冻食品（汤圆、果冻等）；吃饭时不要说话，不要逗小孩大笑，孩子走路时最好嘴里不含食物。如果孩子被异物卡住，严重情况下要及时就医。

3. 烧烫伤

孩子发生烧烫伤时，局部皮肤发红或有水泡，可立即用自来水冲淋，或将烧伤部位浸泡在干净的冷水里，如此冲淋或浸泡30分钟左右，可大大减轻疼痛，并限制伤势的进一步发展。如果烧伤皮肤已发生破溃，则不应随便浸泡冷水，而应适当保护创面，及时去医院就诊。

4. 溺水

绝对不能让儿童单独去湖、河游泳，而应选择有专业救护人员的游泳场所；不可让幼儿单独留在澡盆、使用中的洗衣机旁。如发生溺水，先开放气道排水，检查心跳呼吸，如没有心跳呼吸，应尽快进行心肺复苏。

5. 误服药物、毒药

家长应该分开放置家中的外用药和内用药，以及化妆品、清洁物品等，并放在孩子不容易拿到的地方。如果孩子误服毒物或药物，要立即打120，就医时一定要带上所误服的毒物或药物。当孩子的皮肤接触到一般家用化学用品时，可用水冲15分钟左右。但如果是强酸物质，不可用水直接冲，而要用布擦干并立即就医。

第十章

── ·坏习惯贻害无穷· ──

帮助孩子改正不良习惯

处于成长过程中的孩子，难免表现出一些不恰当的行为。
如果家长听之任之，一旦这些不良行为成为习惯，它们必将成为
孩子成长的绊脚石。因此，家长不要忽视这些小小的坏习惯，
而应防患于未然，寻求迅速改正的办法。

转移注意力，巧妙应对脾气暴躁的孩子

一位父亲抱怨说：

"我家儿子4岁半了，最近几个月不知怎么了，动不动就发脾气，跺脚、摔东西，有时还拍桌子、打人，要不就生闷气。

"他错了你不能说，要顺着他，以他为中心，哄着他才行。更严重的是，不知为什么每次不高兴时，都会说要打死爸爸妈妈，不要爸爸妈妈了。

"刚开始是他不听话，我打他或批评他的时候，他才会这样说，现在呢，只要什么事不依他，不顺他的心，他就这样说。

"脾气真的超差，动不动就发脾气，比如，玩的积木自己弄倒了也会发脾气，到处乱砸东西，他喜爱的电视剧放完了，他也开始哭闹。不管我理不理他，他都有种要来打我的冲动。"

对于这位父亲的抱怨，一位儿童教育专家说道："脾气暴躁对于孩子是极其不利的，会伴随着孩子的成长，影响孩子终生的发展。"

专家点评

　　人人都会有情绪，会有发脾气的时候，孩子也是。虽然平日孩子天真无邪，惹人喜爱，但情绪说变就变，一旦不高兴，孩子就会立马哭闹、发脾气，甚至乱丢玩具、乱打人。

　　对孩子，尤其是3～6岁的孩子来说，发脾气是一种常见的现象。这与孩子的年龄、社会经验、自我控制能力有关。从孩子的认知上看，由于孩子不可能像成人那样，进行理性的分析，所以当孩子遇到挫折或得不到满足的时候，很自然地就通过发脾气来表达，有时候甚至动手打人。

　　孩子发脾气的目的有两个：一是发泄他的不满情绪，二是他希望引起别人的注意。孩子不会辨别情绪，缺乏有效的情绪控制和合理的情绪表达能力。这时候父母一定要接受孩子的情绪，耐心倾听，分析孩子发脾气背后表达的需求，根据情况给予引导。

在教育孩子不要发脾气的同时，父母自身也得反省一下，自己是不是经常在孩子面前因为小事发脾气，或者夫妻之间经常吵架，这些都是引发孩子发脾气的环境诱因。父母的一言一行都影响着孩子，孩子的语言行为许多都是从模仿开始的，因此，如果大人的一些做法不当，很容易就在孩子的行为中折射出来。

3～6岁的孩子还处于心智不够完善的时期，不能控制自己的情绪，发脾气是很正常的事情，父母该如何巧妙应对和引导爱发脾气的孩子呢？

1. 家长保持冷静，耐心倾听

当孩子已经发脾气时，由于其情绪不稳定，此时家长就需要保持冷静、温和地倾听，先让孩子感觉父母在关注他，避免矛盾的进一步恶化。如果上来就强行制止、训斥指责或劝慰，孩子反而会变本加厉。

2. 给孩子冷静下来的空间和时间

如果孩子仍然长时间地沉浸在自己的情绪中，不停发脾气而制止不了，父母不妨给孩子单独冷静的空间和时间，让他自己去调整。通常，孩子一开始会大喊大叫地闹腾一番，但当他发泄够了或者累了，自己想明白就会变得安静，不再闹腾。

孩子发脾气时，父母要坚守三项原则：冷静、体谅、不妥协。只有这样，才能让孩子很好地成长，而且孩子也不会出现心理上的问题。

3. 转移孩子的注意力

当孩子心情烦躁时，父母不妨试试转移他的注意力，让他的情绪平复下来。父母可以先把争议搁在一边，在适当的时候和孩子一起去做点别的事情，让他跳出刚才给他带来不愉快的事情。转移宝宝注意力是个不错的声东击西的方法。

4. 对症下药

对于解决孩子发脾气的问题，处理原则的核心是，对孩子正当、合理的需求，应主动、尽量满足。而不合理的要求，父母则应温和而坚定地拒绝，同时帮助孩子提高自控能力。这也是明确地告诉孩子，吵闹发脾气是没有用的。

合理宣泄，改掉孩子爱哭的坏毛病

香香是一个漂亮、文静、做事认真的小女孩，但平时遇到一点困难就爱哭，老师、家长真是伤透了脑筋。

一天午睡起床，香香忽然"哇"的一声哭了起来。"怎么了？"老师走过去问。她不出声，只是大声地哭着。旁边的小朋友七嘴八舌地告诉老师，她的裤子找不到了。老师往四周一看，裤子就在旁边不远的地方，是香香刚才拿衣服时掉在旁边的。

下午吃点心时，小朋友们洗过手后从桌上的盘子里取自己的点心吃，香香洗过手后拿着杯子走到座位上，不一会儿从她那里传来了哭声，一问，原来是因为找不到自己的点心。

"家长开放日"活动那天的美术课上，香香拿着笔站在原地不动，妈妈催了好几次她还是不动笔，说不会画。催得急了，她就大声哭起来，妈妈怎么劝也劝不住。

专家点评

香香的父母望女成凤，平时对她很严格，但爷爷奶奶心疼孙女，怕孙女受苦，平时孙女一哭就赶来"护驾"，久而久之，就让香香养成了爱哭的毛病。

现在很多孩子被娇惯着长大，大人打不得，骂不得，说道理更是说不通，稍微教育一下就开始哭，让人头疼又糟心。怎样才能改变孩子爱哭的习惯呢？

哭是宣泄情绪的方式之一，合理地宣泄情绪是有必要的。可是有些孩子太爱哭鼻子，让家长很头痛。孩子为什么总是哭？一般来说，孩子爱哭的原因有以下几点：

（1）天生敏感爱哭。敏感的孩子总爱哭，玩具找不到了要哭，摔倒了要哭，玩具被小朋友抢走了也要哭。

（2）语言表达能力不够。孩子的语言表达能力较差，于是习惯用哭闹动作来表达自己的意愿。

（3）哭只是索取的一种手段。现在的家长太过溺爱孩子，怕孩子哭，所以，只要孩子哭，大人就妥协，让孩子觉得用"哭"就能得到想要的或避免做自己不想做的事。

（4）常常被父母忽略。父母不常陪伴、接近孩子，孩子就会显得焦虑、不安，表现为爱哭。

孩子爱哭，确实是个令家长们头疼的问题。爱哭的孩子有事没事就哭几声，因为一点小事也哭个不停，有时候连眼泪都没干就又哭了。那么，遇到这样的孩子，家长该怎么办？

1. 接纳孩子的情绪，不要强硬制止孩子哭泣

哭，是孩子在宣泄自己的情绪，父母要让他尽情释放，不必强硬阻止。所以父母要做的，是理解和认同孩子的情绪，并在第一时间安慰他，帮他平复情绪。父母最好蹲下身，和孩子基本保持一个高度，将孩子拥入怀中，轻轻拍他的后背。

2. 培养孩子学会用语言来表达自己的情绪

有些年幼的孩子爱哭，可能是因为语言功能发育不完善，所以不知道怎么表达自己的要求，家长要从小培养孩子用语言表达自己的情绪和要求。如果家长经常用这样的方式和孩子交流，孩子自然而然就会用语言表达情绪了。

3. 不给孩子乱贴标签

不要给孩子贴上敏感、脆弱、好哭的标签，尤其是当着孩子的面，讨论孩子爱哭的事情，更是大忌。

4. 等孩子哭完了再讲道理

等孩子哭完后，你再跟他讲道理。先要问他为什么哭，让他明白他该不该哭，告诉他哭是解决不了问题的。要告诉他有什么事情可以跟爸爸妈妈讲，不要光哭。再来看事情本身，如果明明没什么事情发生，孩子却哭个没完，这就完全是要赖行为，不该纵容。

预防在先，纠正孩子任性的坏习惯

天天5岁了，平时父母太忙，他基本由爷爷奶奶带大。因为家长太溺爱，天天养成了自私、无理取闹、固执的性格。昨天，奶奶接天天放学，因为出门匆忙没有带钱包，没办法给他买喜欢吃的饼干。结果天天根本就不听奶奶解释，躺在地上打滚撒泼，奶奶怎么劝也不听，最后他负气回到幼儿园，死活不回家。

无奈，奶奶只好向老师借钱买了他喜欢吃的饼干，他才跟着奶奶回家了。天天这样任性，真是让奶奶和老师伤透了脑筋！

 专家点评

从上面例子可以看出家长过分宠溺、纵容是孩子任性的根本原因。现代家庭里很多家长对孩子呵护备至，无节制、无原则地满足孩子的各种要求，生怕照顾不周让孩子受一点点委屈，孩子自然会得寸进尺。

　　现在，孩子的任性带有普遍性。任性是一种不正常的心态，是孩子要挟大人满足自己某种需要的手段。世上的父母没有不疼爱自己的孩子的，由于疼爱，于是喜欢迁就孩子，结果就很容易造成孩子的任性。

　　3～6岁的孩子，正是心智快速发育的时期，喜欢凭着自己的主观情绪和喜好去做事，这就是任性，主要表现为固执，不顾及别人的感受，一意孤行。如果家长放任孩子的任性，将会影响他们的人际交往，因为任性的孩子很难与同伴友好合作、分享、协商，他们往往随心所欲，很少关心他人。

　　孩子任性还会影响老师、同伴对他们的评价，并由此影响他们自我意识的发展。任性的孩子通常借助在地上打滚、不停地哭闹、乱扔东西等行为来表达他们的情绪，如果经常性地情绪失控，就会对健康产生较大的不利影响了。

孩子任性是父母最头疼的事情，打不得，骂不得，却时时刻刻被孩子的任性折磨。那么，遇到孩子任性，到底该怎么办呢？

1. 明确要求，预防在先

家长平时对孩子的行为要有明确的要求，如制定一些简单、明确的规则。规则一旦制定，就要坚决执行，以此来规范孩子的行为，使孩子明白自己的行为并不是随心所欲的，而应该受到一定的约束。

2. 家长教育孩子的要求、观点应保持一致

尤其是在孩子任性时，家长应统一要求。如果一个严，一个宠，那么孩子的任性会愈演愈烈，很难得到改正。

3. 及时转移孩子的注意力

孩子的注意力很容易被吸引到其他事情上，家长应抓住时机，用转移注意力的方法来避免孩子的任性。孩子注意力转移了，心态也就变化了。因此，转移注意力是矫正孩子任性毛病的可行办法。想方设法转移孩子的注意力，用不着哄劝，不知不觉间就会淡化孩子的拧劲，使孩子改掉任性的毛病。

4. 冷处理

当孩子由于要求没有得到满足而发脾气甚至打滚、撒泼时，家长不要去理睬他，不要在孩子面前表露出心疼、怜悯或迁就，更不能和他讨价还价。可以采取躲避的方法，暂时离开他。当无人理睬时，孩子自己会感到无趣而做出让步。事后，家长可对孩子简单而认真地说明这件事不能做的原因，并对他说"相信你以后会听话的"之类的话来鼓励他。

快速行动，轻松改掉孩子拖延的坏习惯

"宝贝儿，快来刷牙。""怎么还不来刷牙？""你有没有听见妈妈说话？快来刷牙！""再不快点儿，妈妈要打屁股了！"每天早晨，壮壮妈妈都要和壮壮上演这样的一幕。

"无论做什么事，都要我不停地催促、责备甚至是恐吓，而他就跟没听见一样，该怎么磨蹭就怎么磨蹭。要是赶上出门有事或者早上要上班，急得我啊，真想揍孩子。"壮壮妈妈苦恼地说，"一方面孩子要独立，有些事我不想包办；另一方面他总是磨蹭，吃个饭都要一小时，对我的耐心是极大的考验。"

"做作业总是很慢，别的孩子晚上七八点就做完功课了，他经常要到晚上十点多才做完。做作业的时候，开小差、发呆、吃东西、玩、看电视，他都干过。"

越来越多的父母开始抱怨，孩子慢慢长大，本以为不用再费那么多精力，没想到孩子却患上了"拖延症"。举手可办的事情，就是拖着不肯做。到底是什么原因让孩子拖延成性呢？

专家点评

　　孩子吃饭、穿衣、刷牙、做作业磨蹭是令很多家长头疼的问题。3～6岁的孩子注意力不集中，很容易受周围环境的影响，旁边一点风吹草动就会转移他的注意力。边干边玩是这个年龄段的孩子磨蹭的主要原因之一。

　　吃饭磨蹭是不少孩子的通病。因此，必须培养孩子良好的饮食习惯，定时、定量、合理进餐。此外，最好关掉电视机，或者把进餐时间改到动画片播放之前或之后。

　　一般来讲，孩子觉得不好玩的事干起来也常常磨蹭。这时，家长千万不能看孩子干得慢而包办代替，替孩子收拾好，而应该让孩子明白，许多事情虽然不好玩，但自己的事情就必须自己做，而且应该按时完成，大人、小孩都一样。同时最好和孩子一起制定每天必须完成的活动、学习时间表，并帮助、督促他自觉执行。

　　另外，有时孩子磨蹭是因为缺少操作的技巧和动作不熟练。所以，及时教会孩子各种生活技能和训练他们干活时动作的规范化也十分重要。如系扣子，我们一般教孩子都是从上向下系，但经试验，由下而上系要比由上向下快，且不易扣错。图书、玩具要分类摆放，装玩具的箱子要大一些，这样才能取用方便，节省时间。

专家支招

　　经常听见父母们抱怨孩子做事总是拖拖拉拉、磨磨蹭蹭，吃饭要一个多小时。家长为此很心烦，孩子们为此也很委屈，家长应该怎么帮助孩子改变做事磨蹭的习惯呢？

1. 从生活习惯开始训练

先给孩子规定时间，要求他在规定时间内完成自己要做的事。然后通过训练缩短孩子生活自理行为的时间。比如，和爸爸妈妈比赛穿袜子，看谁更快。在比赛之前先教孩子穿得快的方法，手把手地训练。家长在比赛时，可以故意放慢一点，让孩子觉得有取胜的可能，甚至有时候假装输给孩子，让孩子觉得自己能做得快。让孩子在生活中做事快，在学习中才会快起来。

2. 教孩子学会管理时间

家长可以和孩子一起制定一张作息时间表，什么时间起床，洗漱用多长时间，吃早点用多长时间，放学回来后哪段时间干什么，都要做出合理安排。对时间管理越严、越细，效率越高。

3. 停止催促，坚持表扬

孩子做事情磨蹭的时候，很多家长喜欢不断地催促，结果越催促，孩子的动作越慢，家长越生气。对此，随时观察孩子在生活中的表现，对做得快的事情立即表扬。比如，对孩子说："现在穿衣服快多了！""现在收拾书包快多了。"通过表扬，激发孩子内在的动力。

4. 家长一定要有耐心

家长要对孩子有耐心，慢慢地教他学会做事。孩子学习做事的过程是一个成长的过程，不是一蹴而就的，他不可能一下子都学会，也不可能立刻就做得熟练。父母要耐下性子来，一遍一遍地教他，正所谓熟能生巧。当他自己慢慢学会了，自然就能快起来了。

5. 家长的模范作用

如果家长生活懒散，干事磨磨蹭蹭，生活无秩序，孩子必然会受到潜移默化的影响。因此，家长要改变孩子磨蹭的坏习惯，自己就一定要惜时、守时，讲求效率。

6. 让磨蹭付出代价

孩子只有在体会到磨蹭会给自己带来损失后，他才能够自觉地快起来。因此，家长可以让孩子为自己的磨蹭付出代价，让孩子自己去品尝磨蹭的后果。如，孩子早晨起床后磨磨蹭蹭的，家长不要管他，上学迟到了，老师肯定会询问他迟到的原因，孩子挨了批评后，就会认识到磨蹭带来的害处，几次以后孩子自然就会自己加快速度。

耐心说服，有效制止孩子的攻击行为

牛牛是一个正在上幼儿园大班的小男孩，很快就要从幼儿园毕业了。牛牛的父母最近十分焦虑，因为牛牛经常在幼儿园咬人、打人，被老师认为是"有攻击性"的孩子。他已经因此被幼儿园劝退过一次。转到现在这所幼儿园后，情况也并未好转，好几次因为打人，他的父母不得不提前把他接回家。

牛牛的父母很担心牛牛这种情况会愈演愈烈，更担心牛牛将来会变成一个暴力分子。

因此，牛牛的父母打电话向儿童心理学家求助。

对待孩子的攻击性行为家长要注意：不要训斥打人的孩子，因为孩子并没有意识到自己的行为是错误的，突如其来的训斥只会让孩子感觉到莫名其妙；不要因为孩子打人而打孩子，孩子不会理解家长的用意，只会觉得受到伤害，这样会让孩子不再信任家长。当家长注意做好以上几点，孩子的攻击性行为会明显减少。

专家点评

　　像牛牛这样的孩子并不少见。打人、咬人，甚至更加激烈的攻击性行为在孩子中间也常常发生。我们来分享一些对孩子的攻击行为的分析，以及相应的解决方案。

　　为什么这么小的孩子具有攻击性呢？儿童心理专家告诉我们主要有以下几个原因：

　　（1）2～3岁的孩子自我意识逐渐萌发，他们认为一切东西都是自己的，事事都应合自己的意，所以一旦有什么不顺心的事情出现，暴力事件也就随之发生了。

　　（2）孩子的语言能力有限，自己的想法、要求难以表述清楚。在交往中，当不被理解时，他们便选择用打人的方式表达情绪。

　　（3）电视节目或生活中看到的暴力行为，甚至成人之间那些带有玩笑性质的"攻击"都会成为他们模仿的对象。

（4）孩子渐渐发现自己乖巧听话时，很难得到父母足够的关注，而只有自己做出一些过激行为时，才能引起父母的注意。

（5）3岁左右的孩子还不能有效地控制自己的情绪，他们便把烦恼、悲伤、愤怒这些不良情感转化为"暴力"发泄出来。

孩子的攻击行为不但会对他人或集体造成危害，对其个体的健康发展也是很不利的，还会阻碍儿童社会性、个性和认知的发展。

大量研究表明，有攻击行为的孩子与他人的关系一般较差。大多数同龄孩子会对其避而远之。在小班，由于一些攻击性较强的孩子的影响，那些受其欺负的小朋友产生了心理恐惧，甚至不愿上幼儿园，令老师和家长十分头疼。

专家支招

当孩子有攻击倾向的时候，家长该怎么做呢？具体方法如下：

1. 父母以身作则，树立良好的榜样

父母的言行举止直接影响着孩子的一举一动。所以父母在教养孩子的时候，尽量不要爆粗口。孩子犯了错误，父母要尽量克制自己的情绪，采取说服、讲道理的方式解决，这样可以预防孩子攻击行为的发生。

2. 不要用暴力手段制止孩子的攻击行为

孩子的打人、咬人等行为，往往是为达到某种目的，很少具有敌意。一旦发生类似行为时，家长不要使用暴力制止。因为暴力的家长就会教出暴力的孩子。

3. 给孩子一个发泄不良情绪的出口

当孩子情绪焦躁或低落时，家长要帮孩子寻找一个相对安全的方法发泄情绪，尽可能地引导他说出来，并允许孩子通过打沙发靠垫、枕头等方式进行宣泄。

4. 远离攻击性强或暴力性强的动画片或者书籍

对于攻击性强的孩子，家长除了给孩子讲道理外，还要尽量让孩子远离攻击性强的动画片或书籍。因为孩子的模仿能力极强，攻击性或暴力性的场面很容易成为孩子模仿的对象。因此，父母不要让孩子看攻击性强的动画片，也不要给孩子买带有暴力性的书籍。

此外，当孩子有攻击倾向时，家长应该耐心地与孩子进行交流，一旦发现孩子的攻击行为时，应该问清楚事情的原委，然后教给孩子正确的处理方法。另外，平时家长应该帮助孩子养成礼貌、谦让的好习惯，特别注意培养孩子的同情心和爱心。

帮孩子树立自信心，消除孩子的嫉妒心理

周末，小明的幼儿园同班同学苗苗到他家里玩，两个人一起做手工。出于鼓励，小明妈妈夸奖苗苗："苗苗，你做的兔子跟真的一样，很好看。"听到这话，一旁的小明赌气把剪刀一摔，说："我不做了！"妈妈觉得儿子脾气太怪，没理他。过了一会儿，妈妈听见苗苗大哭起来。原来，小明趁苗苗不注意，将她做的兔子剪掉了一只耳朵。

小明不是第一次这样了，刚上幼儿园时，妈妈就发现了他的这个毛病，最近一段时间，他的嫉妒心变得越来越强，一听见妈妈夸别人家的孩子就发火，妈妈心中十分苦恼。

专家点评

从儿童心理发展特点来看，嫉妒是一种原始的情绪，婴儿在16～18个月时就开始出现这种自然、正常的情绪反应。一般来说，并不需要引起格

外重视。但在幼儿园，孩子之间相互比较的机会相应地增加了，嫉妒心的形式也随之发生变化。虽说嫉妒心是一种正常的情绪反应，但这并不意味着就可以放任不管。孩子的嫉妒心过强，也容易受外界的刺激而产生诸多不良的情绪，对孩子的身心发展极为不利。

嫉妒是一种不健康的心理，是消极的情感表现。孩子为什么会产生嫉妒心呢？大多数孩子都是争强好胜的，他们希望自己样样都比别人好。但由于自身认知水平有限，所以他们认为说别人好就等于说自己不好，不是想着通过不断努力去超越别人，而是希望别人不如自己。这是儿童产生嫉妒心理的认知根源。

一般来说，2岁左右的孩子就已经有嫉妒心了。孩子产生嫉妒的原因不外乎以下三点：

（1）羡慕别的小朋友拥有的东西。当其他小朋友穿着漂亮的衣服、玩着好玩的玩具，而自己没有时，孩子就会产生嫉妒心理。

（2）家长期望过高。家长总是把别的孩子的优点同自己孩子的缺点相比较，使孩子感到不公正而产生了嫉妒。

（3）自己受到冷落。别的小朋友在同伴中比较受欢迎，而自己却受到了冷落，因而引起了他对受欢迎小朋友的嫉妒心。

孩子的情感是脆弱的，家长稍不注意就会使孩子的积极情感变为消极情感。嫉妒是不良的心理状态，对儿童的心理发展极为不利。父母作为孩子的第一任老师，一定要告诉孩子嫉妒心的危害性，要让孩子明白这是一种病态的心理，如果孩子有嫉妒心理，就会慢慢对他人产生怨恨，非常不利于同学之间的团结。嫉妒心理对自己和他人危害都是非常大的，往往还会导致报复行为的发生。

专家支招

　　孩子在成长过程中出现一些嫉妒心理是很正常的现象，比如看到别的孩子比自己强，或者是别的孩子得到了老师的表扬而自己却没有，这样孩子难免会产生嫉妒心理。那么，如果发现孩子嫉妒心强该怎么办?

　　1. 营造健康的家庭氛围

　　建立良好的家庭环境，营造成员间互相尊重、谦逊包容的环境气氛，是预防和纠正孩子嫉妒心理的重要基础。父母要给孩子足够的安全感，让孩子明白，父母对他的爱没有附加条件，而且是不会变的。

　　2. 倾听孩子的真实感受

　　耐心倾听孩子的苦恼，理解他们无法实现自己的愿望所产生的痛苦情绪，以使孩子因嫉妒而产生的不良情感能够得到宣泄。因此，家长切勿盲目对孩子的嫉妒行为进行批评，而要先帮孩子冷静下来，通过倾听了解孩子的真实感受。

　　3. 引导孩子全面认识自我

　　儿童的思绪方式主要以具体形象思绪为主，他们一般不具备对事物进行全面分析的能力。引导孩子在生活和学习中扬长避短，正视、欣赏并借鉴别人的优势和长处，以弥补自己的不足，不断实现自我超越。

　　4. 帮助孩子树立起自信

　　孩子嫉妒心强往往都是由于缺乏自信，现在很多孩子在很小的时候就把自己的利益放在第一位，而且自我意识比较强，一旦受到了什么挫折，就会产生自卑心理，觉得自己不如别人。越想维护自己的自卑心理，就越喜欢贬低别人使自己感到平衡，所以容易产生嫉妒心理。所以，父母一定要帮助孩子树立起自信。

5. 利用嫉妒心理，化不利为有利

嫉妒其实是一把双刃剑，利用得当，完全可以变成激励孩子的动力。有嫉妒心理的孩子一般都争强好胜，有很强的自尊心。家长要引导和教育孩子用自己的努力和实际能力去同别人相比，更快地进步和取长补短，把孩子的好胜心引向积极的方向，让孩子的负面情绪转化为积极的动力。